生命保険とのつき合い方

出口治明
Haruaki Deguchi

Eurus
Notus
Boreas
Zephyrus

岩波新書
1567

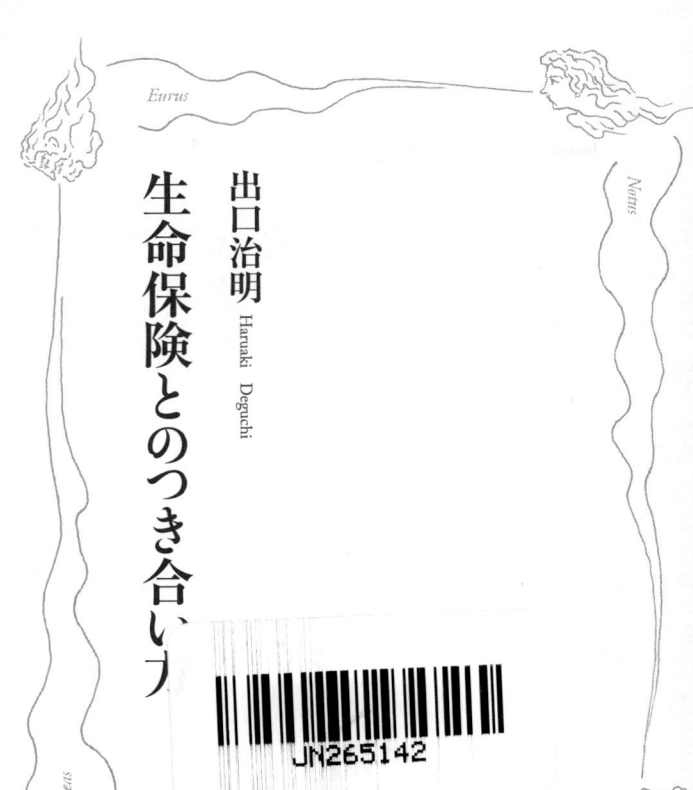

はじめに

岩波書店から初めての著書、『生命保険入門』を出版したのは、二〇〇四年のことでした。幸いにも版を重ねることができ(六刷)、二〇〇九年には新版を出す運びとなりました。そして、新版も六刷まで増刷できたのは、ひとえに読者の皆さんのおかげであり、本当にありがたいことだと感謝しています。ただ、ずっと気になっていたのは、読者の皆さんから「難しい」「専門的すぎる」「気楽に読めない」などのご指摘をいただくことがしばしばだった点です。

そんな折、岩波書店の伊藤耕太郎さんから、「これから生命保険を買おうと思っている若い皆さん向けの、もっと分かりやすい新書を書きませんか」と声をかけていただきました。それを受けて書き下ろしたのが本書です。たとえば、社会人になってふと生命保険のことを考えた人が「これ一冊を読めば安心して生命保険を買うことができる」、そのような本が書けたらと思い執筆に取り組みました。

ところで、筆者はいま、「生命保険を買う」といういい方をしました。読者の皆さんの中には、ちょっと違和感をもたれた方がいるかもしれません。日本では一般に「生命保険に入る」といわれることが多いようです。本書では、そうした従来の視点とは異なる「買う」という視点から、生命保険とのつき合い方を考えていきます。生命保険は、住宅と同じく、自分の一生にかかわる大事な「商品」です。一回きりの人生を楽しく豊かに生きるために、いまの自分に合ったもの、これからの自分に必要なものを、きちんと考えて買うという視点が大切です。賢く買って、賢くつき合う。そのポイントを、分かりやすくお伝えしようと思っています。

全体の構成ですが、第1章は、生命保険の必要性について述べました。第2章は、広義のセーフティネット、すなわち政府が提供する保障の概要を詳《つまび》らかにしましたが、ここは辞書代わりに、すなわち必要に応じて拾い読みしていただければそれでいいと思っています。生命保険は、あくまで政府が提供するセーフティネットを補完するものだというのが筆者の信念ですから、セーフティネットの内容を知らずに生命保険を買うということは、およそ筆者には考えられないのです。

第3章は、生命保険にはどのような商品があるのか、つまり現在販売されている生命保険商品のいわば種類別のカタログになるように書いてみました。もちろん限られた紙数ですべてを網羅することはできませんので、代表的な商品についてできるだけ分かりやすく述べてみたつもりです。でも、この章も必要に応じて辞書代わりに使っていただいて結構です。

第4章から実践編に入ります。まず、第4章では、生命保険を買うときの一般的な注意点について整理してみました。時間のない方は、第1章から直接第4章に飛んでいただいても大丈夫です。第5章は、世帯のあり方(つまり、暮らし方)別に、具体的な生命保険の買い方について私見を述べました。筆者は四〇年以上生命保険業界で働いてきましたが、ここに書いたことが、生命保険について本当に腑に落ちたことのすべてです。第6章は、生命保険はどこで買えばいいのか。世間にはいろいろな販売チャネルがありますが、それぞれの販売チャネルについてその特徴を書いてみました。

以上で、生命保険を賢く買うことはできると思いますが、中には「せっかくだから、この際、生命保険についてもう少し詳しく勉強したい」という読者の方も少なくないと思います。そこで第7章と第8章で、少し専門的に掘り下げてみました。第7章は、生命保険料の決め方についてです。およそどのような商品であれ、その本質を理解するためには、値段の付け方を勉強することが一番大切だと筆者は考えています。生命保険の原理原則や基本的な仕組みを知りたいと思う読者の皆さんは、ぜひ、第7章をお読みください。第8章は、生命保険会社がつぶれたらどうなるか、つまり会社が破綻した場合、皆さんの大切な生命保険契約は、どのようにして守られるのかという問題を整理してみました。最後まで読んでいただけたら、生命保険について、おおよそのことはひと通り分かるように書いたつもりですが、さて出来映えはどうでしょう。読者の皆さんの忌憚のないご意見、ご批判をお待ちしています(連絡先：hal.deguchi.d@gmail.com)。

なお、本書の中で意見にかかわる部分はすべて筆者の個人的見解であり、筆者が勤務しているライフネット生命保険株式会社とは一切関係がないことをお断りしておきます。また図表の作成などについては、ライフネット生命の沖田俊幸さん、杉田和也さん、貞岡杏奈さんに大変お世話になりました。本書が世に出るきっかけをつくってくださった岩波書店の伊藤さん、新書編集部の永沼浩一さん、安田衛さん、それから沖田さん、杉田さん、貞岡さん、本当にありがとうございました。

出口治明

二〇一五年九月

『生命保険とのつき合い方』

目次

はじめに

目　次

第1章　生命保険はなぜ必要か

1　生命保険の必要性

世の中では何が起こるか分からない

私たち大人は、毎日起床すると職場に出かけて働き、その後友人と食事をしたり、ショッピングをしたりして帰宅するという日常生活を送っています。休みの日には、公園や図書館、ジムやプールに行ったり、映画を観たりして過ごしています。しかし、このようにごくふつうの日常生活を送っていても運悪く暴走車にぶつけられたり、地震で落ちてきたガラスでケガをするなど、本人がいくら注意をしていても防げない不運な事故に遭遇することは、決して稀ではありません。

たとえば、日本の二〇一四年の交通事故の死者数は、一四年連続して減少しているとはいえ、四一一三人を数えます。これは二時間で一人が亡くなっている計算になります。負傷者数は七〇万九九八九人、これは一時間で約八〇人がケガをしているということになります。人の世の中では、本人の責任や注意の有無にかかわらず、何が起こるか誰にも分からないのです。そのことを一般に「世の中にはリスクがある」といういい方をしています。

では、「リスク」という言葉はどこで生まれたのでしょうか。

中世のイタリアでは、ヴェネツィアやジェノヴァなどの海洋共和国が、地中海を舞台に活発な交易活動を展開していました。海原を進む船にとって、海面下に潜む岩礁ほど恐ろしいものはありません。ぶつかって座礁し沈没でもしたら大変です。この時代のイタリア語で「船が迂回すべき岩」のことを risico と呼んでいました。どうやらリスクという言葉はここに由来するらしいのです。

リスクがなぜ恐ろしいかといえば、予測が不可能なことに加えて、往々にして大きな損失が生じるからです。

船が沈没すれば、積み荷が失われます。交通事故で人が亡くなれば、その人の収入が失われます。積み荷の入港を待ちわびていた人や、亡くなった人の収入で暮らしていた人たちにとっては、人生の設計が大きく狂ってしまうことになりかねません。だから、リスクは恐ろしいのです。

リスクをファイナンスする

私たちの人生には、予測不可能なリスクによって大きな損失が生じる可能性があるということが分かりました。

では、どうするか。

リスクによって生じた大きな損失（ロス）を埋め合わせる、つまりリスクによって生じたロスに見合うお金をどこからかもってくる、すなわち「ファイナンス」することができればいいわけです。

そのための方法は、大別すると四つあります

① お金持ちは何もしなくていい

たとえば、住んでいる家が全焼しても、貯蓄の一部を取り崩せば簡単に家が再建できるようなお金持ちの場合などです。

② 保険を買う

家が全焼して大きな損失（ロス）が生じても、その分の火災保険金がおりたら、そのお金で家の再建ができるので、ロスの埋め合わせをすることができます。

①と②から、お金持ちには保険が必ずしも必要ではないことが分かります。すなわち、保険

は本質的にふつうの市民（中間層）のための仕組みであり、商品なのです。保険料が払えない貧しい人は、政府のセーフティネットを頼るということになります。

では残る二つの方法はどのようなものでしょうか。

③ヘッジ契約を行う

たとえば、保有株（現在の株価一〇〇〇円）が下がりそうだ、でも、逆に上がる可能性も捨てきれないので、いまは売りたくないと仮定します。このような場合には、先物を売っておけばヘッジ（損失回避）ができます。先物取引とは、将来の一定の時期に、現品の受渡しや決済を約束する売買取引のことです。一〇〇〇円の株価が八〇〇円に下がると二〇〇円の含み損（ロス）が生じますが、先物を一〇〇〇円で売ってあれば、八〇〇円で買い戻すことで二〇〇円の売却益が捻出でき、ロスは相殺されてゼロになります。

④免責契約を結ぶ

たとえば、営業途中に自動車を電柱にぶつけてしまって自動車が破損したら、ロス（修理代）が生じます。しかし、雇い主が「営業途中の事故は自分がすべて責任をもつ」といってくれて、免責契約を結んでいたら、本人は修理代を支払う必要はなくなります。

保険は、以上四つの「ロス・ファイナンシング」(損失をお金で埋め合わせる仕組み)の手段のうちの一つです。しかも、ふつうの市民がもっとも手軽に利用できる手段でもあります。四つの手段のほかに近代国家では、セーフティネット、もしくは社会保障と呼ばれる、政府が損失を一定程度埋め合わせてくれる仕組みが整えられています。

つまり、民間の保険は、政府のセーフティネット(社会保障)を補完する役割を担っているのです。

2　生命保険の特徴

生命保険のカバー範囲——損害保険との違い

保険がロス・ファイナンシングの一手段であることは前述したとおりですが、保険には生命保険と損害保険があります。この両者は何が違うのでしょう。

答えを先に述べると、人の生死にかかわるものが生命保険(俗に「第一分野」と呼ばれています)で、医療保険を含みます。また、偶然の事故によって生じる損害を塡補《てんぽ》するものが損害保険（こちらは「第二分野」です）で、火災保険や自動車保険がその典型です。医療保険も含みます。すなわち医療保険は両業界の相互乗り入れが行われているのです（「第三分野」と呼ばれています）。

また、「生命保険は、原則、定額給付」（たとえば誰かが亡くなったら必ず三〇〇〇万円という定額を支払う）、「損害保険は、原則、実損塡補」（家が全焼したら三〇〇〇万円。ただし半焼なら一五〇〇万円など）と区別されることもよくあります。確かに、交通事故で自動車が破損した場合を考えると、破損のレベルに応じて修理代も大きく異なってきますから、定額給付ではなく、実際に損をした（ロスが生じた）部分だけを支払った方が合理的で、かつ、実際に即しています。

このように整理すると、生命保険がカバーする範囲は大体次のようになることが分かります。

①人の生死にかかわるもの（第一分野）

- 死亡リスクに備えるもの（子どもが小さいときに働き手が死亡して収入がなくなるなど）
- 長生きリスクに備えるもの（長寿となり貯金が底をついたなど）

②医療保険（第三分野）

- 働けなくなるリスクに備えるもの（難病で長期間働けなくなり収入がなくなるなど）
- 治療リスクに備えるもの（病気で入院してお金がたくさんかかったなど）

生命保険の本質——「レバレッジ」

ロス・ファイナンシングの手段の一つである生命保険は、どのような特徴をもっているのでしょう。生命保険の本質は、何よりも、「レバレッジ」にあります。レバレッジとは梃《てこ》のことです。梃を使うと、小さい力で大きいものをもち上げることができます。同様に生命保険も、わずかの保険料で大きな保障を得ることができます。

たとえば、三〇歳の男性が保障額三〇〇〇万円の定期死亡保険(保障期間一〇年)を買ったと仮定します。月々の保険料は三一九〇円です(ライフネット生命の場合)。一〇カ月後に事故で亡くなったとすると、支払った保険料三万一九〇〇円に対して、その約九四〇倍に相当する三〇〇〇万円を遺族が受け取ることができます。

このような高いレバレッジ効果は、他のいかなる金融商品でも発揮することができません。ここに生命保険の本質的な価値があります。

一方で、この高いレバレッジ効果は、「モラル・ハザード」(倫理観の欠如、情報の非対称による歪み)を生み出します。余命一〇カ月と医者に宣告された人が生命保険を買うことができれば、ほぼ確実に、三万一九〇〇円を支払えば三〇〇〇万円が手に入ることになります。このように死亡する可能性の高い人にとっては、生命保険は理想的な商品となり、放置しておけば、そのような人々だけが生命保険を購入するので（このことを「逆選択」と呼んでいます）、生命保険会社は、たちどころにつぶれてしまいます。

生命保険は、「大数の法則」、たとえば、サイコロを繰り返したくさん投げると、それぞれの目が出る確率は六分の一に近づいてくるという法則をベースにして、保険料を計算しています。亡くなる人は一定の確率で生じるはずであって、生命保険会社は病気の人ばかりが集まるとは想定していません。すなわち、「逆選択」と呼ばれる状況が生じると、生命保険という仕組みそのものが成り立たなくなってしまうのです。こうした、モラル・ハザードの極致が保険金殺人といえるでしょう。

このようなモラル・ハザードを避けるために、生命保険会社は生命保険を買おうとする人の健康状態をたずねて回答してもらい（「告知」制度）、必要があれば医師の健康診断書の提出を求めるなど（こうすれば、健康かどうかという情報の非対称は小さくなります）、工夫をしています。重病なのに健康と偽って告知を行った場合は、保険契約が解除されます。もちろん保険金は支払われません。

よく長所と短所は同じもので、一枚のコインの裏表であるともいわれます。生命保険はレバレッジの高さゆえに、ふつうの市民にとってはわずかの負担で大きな保障が得られるという長所と、モラル・ハザードを招きやすいという短所を併せもっているのです。

いい換えれば、レバレッジをできるだけ大きくし(安い保険料で大きな保障)、同時に知恵を絞ってモラル・ハザードをできるだけ小さくすることが、生命保険の理想形なのです。

3　社会の発展と生命保険

「いくら必要か」を考えた時代

生命保険は約二五〇年前にロンドンで生まれた金融商品で、その後全世界に拡がっていきましたが、生命保険の普及については、社会の発展と密接な関係があります。

人間は動物ですから、何よりもまず「衣食足りて礼節を知る」ことが生活の一番のベースになっています。すなわち、ふつうに服を着て、ふつうにご飯が食べられ、そして安心して眠ることができ子育てができるねぐらがあることが人間にとっては何よりも大切なのです。

生命保険は、本来、衣食住の次に来る商品ですから、発展途上国で衣食住がまだ十分でない段階では、あまり発展することはできません。衣食住がそれなりに満たされて社会が次の離陸に向けて成長し始めると、生命保険も離陸を始めます。言葉を換えれば、ふつうの市民（中間層）の登場と生命保険の発展は軌を一にしているのです。現在、世界中の生命保険会社がアジアに熱い視線を注いでいるのも、アジアでは経済成長に伴い膨大な数の中間層が生まれようとしているからです。

その意味で、戦後の日本は生命保険にとって理想的なマーケットでした。高度成長が三〇年、四〇年と続き、中間層が社会の大半を占めて年々所得が上昇していったからです。しかも、所得が増えれば栄養状態も改善されて、平均寿命も延びます。その結果、保険金の支払いも少なくなるのです。

筆者が日本生命に入社したのは一九七二年でした。初任給は確か四万八〇〇〇円。そのとき会社の先輩にすすめられた生命保険は、保険料が約一万円の商品でした。「高すぎませんか？とても払えないですよ」というと、「一年我慢しろ。チャラになるから」と返された先輩とのやりとりを今でもよく覚えています。一年後、オイルショックの影響もあって物価が上がり、給与は六万円を超えました。その先輩のいうとおり、保険料は「チャラになった」のです。つまり、高度成長期には年々給与が上がるのが常態だったので、たとえば「五〇〇〇万円の保障が確かに必要だ」と本人が納得さえすれば、保険料が少しくらい高くても保険が売れたのです。

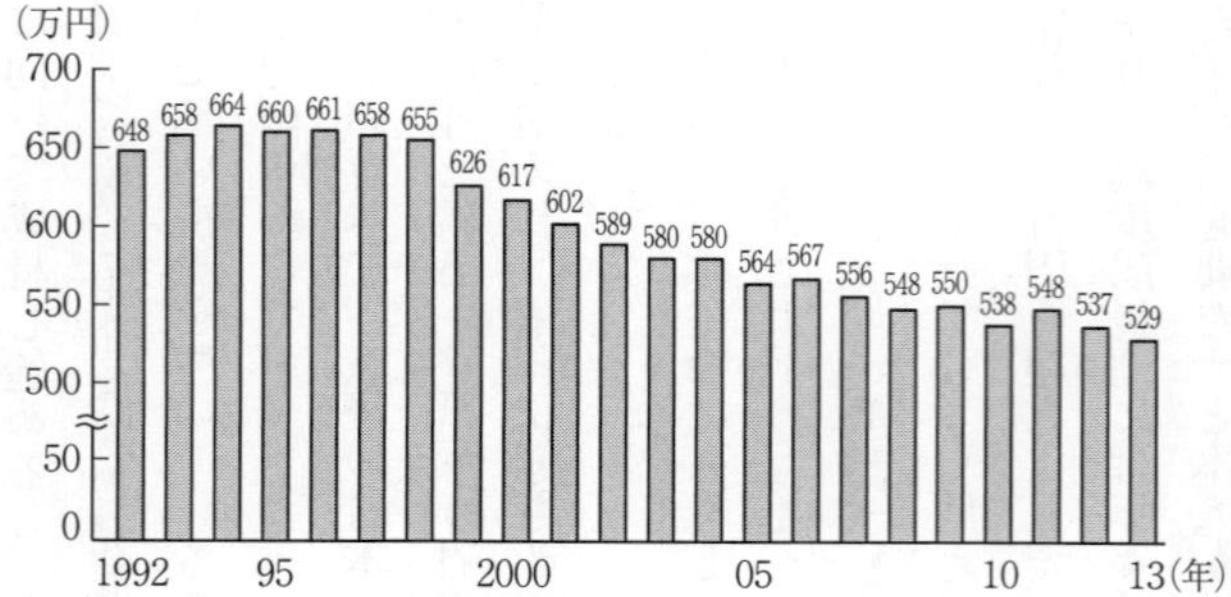

（出所）厚生労働省「国民生活基礎調査」（2015年）

図1-1　1世帯あたりの所得金額

初年度は保険料負担が多額に思えても、年功序列賃金体系のもと、年々給与が上がるたびに保険料負担が軽くなっていくことを、みんなが、よく知っていたからです。

「いくら払えるか」を考える時代

ところで、上のグラフをみてください（図1-1）。

これは日本の世帯の平均所得の推移を時系列でみたものですが、およそ二〇年前は六六〇万円前後あった平均所得が最近では五五〇万円を切るレベルにまで落ち込んでいることが分かります。二一世紀の日本は、将来の所得が必ずしも上がるとは限らない時代に、すでに突入しているのです。このような時代にあっては、いくら「五〇〇〇万円の保障」（必要保障金額）に納得したとしても、給与が下がればその分保険料負担が重くなり、生活が苦しくなります。

現在の日本では、平たくいえば「いくら保障が必要か」

ではなく、「いくらなら払えるか」が切実な問題になっているのです。

筆者は、独立の（つまり、「直接保険を売らない」という意味です）ファイナンシャル・プランナーの皆さんと意見交換する機会が多いのですが、その最大公約数的な意見は、生命保険料（合計）の上限は、「毎月の手取り収入の三〜五％の間に留めておいた方がよい」というものです。毎月の手取りが二〇万円なら、六〇〇〇円から一万円の間が適正ゾーンであり、その中で自分のニーズに合った生命保険を探した方がいいという考え方です。「そのレベルであれば給与が万が一下がったとしても何とか耐えられる」、と。生命保険を考えるときの目安として、この手取りの三〜五％という数字を頭の中に入れておいてください。

第2章　まず、政府のセーフティネットを知ろう

1　セーフティネットの意義

政府の役割

いつの時代でも、およそ事前には誰もが想定できないような大きな出来事が起こるのが人間社会の常です。最近の典型的な事例としては、リーマン・ショックや東日本大震災などが挙げられます。このような大きな出来事に巻き込まれた場合、本人が平素からいくら注意や準備をしていても、一夜にしてすべてを失い、無一文になることも決して珍しいことではありません。

近代社会はそうしたリスクに対処するために、公的なセーフティネットをつくり上げました。本書では、セーフティネットを言葉の原義に戻って「安全網」の意味で使っています。特に断りがない限り、「セーフティネット＝公的な安全網」と理解して読み進めてください。

セーフティネットの代表格が、政府の社会保障です。社会保障に社会保険の仕組みを初めて導入したのは、一九世紀ドイツの大宰相ビスマルクです。ビスマルク以降、都市化や核家族化が進む中、社会保険の活用が主流となりました。

ところで、そもそもの原点に立ち戻って考えてみれば、政府の基本的な役割は、公共財や公共サービスの提供にあります。川に橋を架けたり、ゴミを集めたり、商売としてはもうからないので誰もやらないけれど、社会を維持していくためには「必要欠くべからざる」財やサービスを提供することが政府の役割です。そして、その費用を賄うために、政府は市民に負担（税金や社会保険料など）を強いることができるのです。

「必要欠くべからざる」という言葉は「シビル・ミニマム」（必要最小限の生活基準）ともいい換えることができます。萌芽期の政府はシビル・ミニマムの公共財や公共サービスを提供することからスタートしたのです。

近代の市民社会では当たり前のことではありますが、「負担がすなわち給付である」という大原則が樹立されました。本能的に人々が小さな政府に憧れるのは、政府が肥大化して大きくなれば政府自体の維持・運営に多くのお金がかかるようになって、負担が増えたり給付が減ったりすることを恐れるからではないでしょうか。まったく同様に、負担や給付の内容が複雑になって例外事項などが多くなれば、徴収コストや分配コストがかさんでくるので、租税や社会保障については「例外をつくらず極力シンプルでフラットな制度に」ということがグローバルな合言葉になっているのです。なお、給付がシビル・ミニマムでいいのか、それとも中間層の保護・育成などを睨んでもう少し大きくするのか、という問題は、最終的には主権者である市民が決めるべき事柄です。

負担がすなわち給付であるという大原則を踏まえると、いろいろなことがよく分かります。たとえば、年金や医療などの社会保障を充実させるためには、市民の負担を上げればいいのですが、多くの人々は負担の引き上げには強い抵抗を示します(消費税の増税に対する反対運動がその典型です)。では、負担を引き上げずに給付を増やす方法はないのでしょうか。

実は原理原則的にはそれが二つあるのです。

負担を上げずに給付を増やす方法

一つは、分配が上手な賢い政府をつくることです。

民主主義国家では、投票(選挙)を通じて市民が政府をつくることができます。投票率を上げて少しでも良い政府をつくることが、給付の充実につながるのです。

二つ目は経済成長です。税率(負担)が同じでも生産性を上げて経済が成長すると税収などが増え、結果として給付内容を充実させることが可能になるのです。ただし、この二つの方法に多くを頼ることはできません。戦後のわが国のように高度成長が長い間続けば話は別ですが。

ところで、日本の政府は膨大な額の借金を抱えています。そのせいか、書店に行くと「公的年金保険は破綻する」などといった、おどろおどろしいタイトルの本がたくさん並んでいます。これは本当でしょうか。「公的年金保険を当てにしてはいけない。自分で老後資金を貯めよう」という考え方は正しいのでしょうか。

現在の日本の税収は約五五兆円。それに対して歳出は約九六兆円にものぼります(二〇一五年度予算)。どうしてこのような芸当が成り立っているのでしょう。

それは、国債を発行して差額を穴埋めしているからです。つまり、近代国家は国債が発行できる限り、破綻することはあり得ない仕組みになっているのです。国が破綻して公的年金保険が支払えなくなるときは、すなわち国債が紙くずになっているときです。国債を大量に購入して保有しているのは、政府の一部門である中央銀行を除けばその国の金融機関です。ということは、公的年金保険が当てにならないと思って市民の皆さんが地道に貯蓄に励んでも、公的年金保険が破綻する前に皆さんがお金を託した金融機関は大量の国債を抱えて破綻してしまっているのです。当然、皆さんの貯蓄も紙くずになります。

要するに、近代国家においては、国家より安全な金融機関は存在しえないのです。国の格付けが落ちれば、その国の金融機関の格付けも自動的にスライドして落ちていきます。したがって、自助努力はもちろん大切ではありますが、たとえば国民年金の保険料を払わずに自分で貯蓄に励むのは、経済的にみると大変愚かな行為であるといえるのではないでしょうか。

では「日本より格付けの高い外国の金融機関に貯蓄をすればいいのでは？」という声が聞こえてきそうです。それはありえます。しかし、それは、日本のお金（貯蓄）が外国に出ていくこと（キャピタルフライト）を意味します。キャピタルフライトが起これば、その国や社会はまちがいなく上手に回らなくなります。筆者は日本が大好きですから、キャピタルフライトにはあまり賛成できません。

それよりも、毎日の働き方を少しでも工夫して仕事の生産性を上げる（≒経済成長につながる）、そして、少しでも政治に関心をもって選挙に行く（≒賢い政府をつくる）方が、はるかに建設的ではないでしょうか。

小負担・中給付の日本

「負担が給付である」という大原則を理解すると、まったく当たり前の話ですが、負担と給付は釣り合っていなければならないことが分かります。

財務省のホームページにあるＯＥＣＤ諸国の国民負担率（租税負担率＋社会保障負担率。対国民所得比）をみると、二〇一一年の時点で日本の数値は三九・八％、これはＯＥＣＤ加盟の三三カ国の中で下から七番目の低い数値です（OECD平均以下）。つまり、日本は小負担の国なのです。

一方で給付の中でウェイトが一番大きい社会保障給付を厚生労働省のホームページでみると、二〇一一年の時点で日本の数値は二三・七％（対GDP比）と、こちらは上から一四番目となっています（OECD平均以上）。つまり、日本は中給付（中福祉）の国なのです。

小負担・中給付では、国債を発行して穴埋めするしか方法はありません。「社会保障と税の一体改革」という言葉をよく耳にしますが、それは、負担を上げ給付を下げる以外に財政を健全化させる方法がないという、至極当然の事をいっているに過ぎないのです。

給付を下げるのが嫌なら、あるいは給付をもっと充実させたいのなら負担をさらに大幅に上げるしか道はありません。

税と社会保険料の違い

ところで同じ負担でありながら、税と社会保険料は何が違うのでしょうか。

広義の意味では、社会保険料は目的税の一種だといっていいと思います。つまり負担と給付がひも付けされているのです。ではなぜ、社会福祉税などと呼ばずに社会保険料と呼んでいるのでしょうか。それは、保険の原理をひも付けに応用しているからです。

保険とは、偶然に発生する事故によって生じる損失に備えてみんながお金（保険料）を出し合い、事故にあった人に給付を行う仕組みです。たとえば、誰がいつ病気になるかは誰にも分からない。そこで、みんながお金を出し合い、病気になった人に給付を行う、これが保険の原理です。つまり、病気になった人を除いて保険料はすべて掛け捨てになるということです。「一人は万人のために、万人は一人のために」という言葉が保険の特質をよく表わしています。保険は、セーフティネットをつくる上で、とても優れた仕組みなので多くの国で採用されているのです。

セーフティネットを補完する生命保険

以上のようにセーフティネットを理解すると、生命保険との関係もとても分かりやすくなります。セーフティネットという公的な安全網がまずあり、それを「補完」して、プラスアルファのサービスを提供するのが生命保険本来の役割です。

世の中には、「セーフティネットを縮小して、年金や医療は、もっと民間の生命保険などに任せたら？」という意見がないわけではありません。しかし、これは矛盾した考え方という他

表 2-1　セーフティネットと生命保険の比較

	セーフティネット（医療や年金などの社会保険）	生命保険
制度運営の主体	政府もしくは法律に基づく特定の組合・法人	私企業（免許事業）
加入者	法律による強制加入	任意（私契約）
負担	税金・社会保険料として政策的に決定	リスクに応じて生命保険料を数理的統計に基づき算定
給付	負担に応じて政策的に決定	原則として生命保険料に比例
賃金・物価スライド	原則あり（政策的に実施）	不可（インフレリスクに弱い）
積立金	原則なし（賦課方式）	あり
資産運用リスク	原則なし	あり（「逆ざや」が問題となった．第 7 章参照）
制度破綻リスク	原則なし（国の破綻とイコール）	あり（政府が生命保険専用のセーフティネットを用意．第 8 章参照）

ありません。なぜなら、セーフティネットは本来シビル・ミニマムを提供することからスタートしたので、その利用者には自ずと貧しい人々が含まれることになります。これに対して生命保険は、本来的に「衣食住の次にくるもの」ですから、その利用者は中間層が中心になります。そもそも、貧しい人々には民間の生命保険料は払えないのです。

繰り返しになりますが、生命保険はセーフティネットを「補完」するものであって「代替」するものではないのです。また、預金などの金融商品も生命保険同様にセーフティネットを補完することができます。そうであれば、セーフティネットの中身をよく理解した上で、生命保険を考えるのが、正しい方法ということになります。

筆者は、初めにセーフティネットを説明しない保険セールスは、信用しないことに決めています。セーフティネットの中核を占める医療・年金などの社会保険と生命保険を比較すると、概ね前記のように整理することができます（表2-1）。

2　セーフティネットの種類

四つの分野

日本のセーフティネットにはどのような種類があるのでしょう。セーフティネットは、大別すると「社会保険」「公的扶助」「社会福祉」「公衆衛生」の四つの分野に分けることができます。

「社会保険」は、私たちが日常の生活を続けていく中で生じる、病気やケガ、死亡や高齢化・要介護、失業などのリスクに対処すべく、強制加入の保険に加入して保険料を負担しあうことにより互いに助けあう相互扶助の制度です。社会保険は、年金保険や医療保険、介護保険、労働保険などの種類があり、私たちにもっとも馴染みの深いセーフティネットです。

「公的扶助」は、生活に困窮する人たちなどに最低限の生活(憲法の定める生存権)を保障するために行う経済的な援助のことで、生活保護が主体です。社会保険と違って、受給者が保険料や掛け金を支払う必要がないことが特徴です。それは主として支払えない人を対象としているからで、原資はすべて税金です。

「社会福祉」は、老人福祉や障害者福祉(身体・知的・精神)、児童福祉、母子及び父子並びに寡婦福祉などの各福祉法に基づいて、対象者別に提供される制度やサービスのことです。また、「公衆衛生」は予防接種など市民の健康の維持や増進を図るための制度です。

このように、日本にはさまざまな種類のセーフティネットがありますが、これらを機能別に並べ直すと理解がしやすいと思います。そこで、「所得保障」「医療保障」「介護保障」という三つの大きな柱を立てて以下、具体的な内容を説明します。

I　所得保障

所得保障の制度

天変地異や大事故に巻き込まれて一家の働き手が死亡したり、長期療養(二〜三年は働けないなど)の状態になったりすると、給与など毎月の収入が入ってこなくなります。そうなると、働き手の収入に頼って生活していた家族(専業主婦・専業主夫や子ども)の生活はたちまち貧窮することになります。

そうした場合に生活を支えてくれるセーフティネットの概要について、よく理解しておきましょう。

所得保障を担う主なセーフティネットには、社会保険の分野から「年金保険」「労働保険」、公的扶助から「生活保護」があります。では、所得保障が必要となるリスクが生じたとき、それぞれ、どのような保障がなされるかをみていきます。

i　遺族保障──働き手が死亡したとき

遺族保障を担うセーフティネットは、公的年金保険の中の「遺族年金」が基軸となります。

表 2–2　遺族年金の種類と受取人

		本人が加入している公的年金保険の種類	
		国民年金	厚生年金
家族構成	本人のみ（独身）	（なし）	父母（祖父母）が「遺族厚生年金」を受け取れる
	配偶者のみ	（なし）	配偶者が「遺族厚生年金」を受け取れる
	配偶者と子ども	配偶者か子どもが「遺族基礎年金」を受け取れる	「遺族基礎年金」は同左．配偶者は「遺族厚生年金」を受け取れる

公的年金保険の種類ごとの説明は別途、老後保障のところ（三五頁）で行いますので、ここでは遺族年金について簡単に触れておきます。

遺族年金を理解するポイントは、「受け取る遺族年金の種類は何か」「誰が遺族年金を受け取れるのか」「遺族年金はいくらもらえるのか」の三点です。

まず自分に万が一のことが起こった場合、誰がどんな遺族年金をもらえるのかを知っておく必要があります。表2‐2をみると、加入している公的年金保険の種類と家族構成によって、受取人と受け取る年金の種類に違いがあることがよく分かります。特に国民年金では、子どもがいないと配偶者は遺族年金を受け取ることができません。子どもとは、一八歳到達年度の末日まで（1、2級障害のある場合は二〇歳未満）の子をいいます。これはなぜかといえば、国民年金は自営業者を想定した制度なので、配偶者は仕事を継いで働けると考えたためでしょう。

次に、遺族年金はいくらもらえるのか。「遺族基礎年金」「遺族厚生年金」の順にみていきます。

国民年金の遺族基礎年金は「子どものいる配偶者」か「子ども」が受け取ることができ、子どもの人数に応じて加算されます。遺族基礎年金額は、基本額七八万一〇〇円(二〇一五年)に、加算額として子ども一人につき二二万四五〇〇円(三人目以降、一人につき七万四八〇〇円)となります。たとえば、子どもが二人いる場合の年金額は一二二万九一〇〇円です。要するに毎月約一〇万円がもらえるわけです。

次に遺族厚生年金をみてみましょう。死亡した夫の平均標準報酬月額を三五万円、加入期間を二五年として計算すると、子ども二人の期間の年金額は一七九万二〇〇円となり、毎月(約一〇万円に)四万七〇〇〇円ほどが上乗せされることになります。

この他に、遺族厚生年金を受け取る妻には二つの加算として、「中高齢寡婦加算」と「経過的寡婦加算」があります。中高齢寡婦加算は、遺族基礎年金を受け取れない妻に対して、夫の死亡時に四〇歳以上などの条件を満たせば、六五歳になるまでの間、五八万五一〇〇円が加算

表 2-3　受け取れる年金額の目安(年額)

		国民年金	厚生年金
子どものいる配偶者か子ども	子ども 2 人の期間	1,229,100 円(遺族基礎年金)	1,790,200 円(遺族基礎年金+遺族厚生年金)
	子ども 1 人の期間	1,004,600 円(遺族基礎年金)	1,565,700 円(遺族基礎年金+遺族厚生年金)
子どものいない妻	妻が 40 歳未満の期間	なし	561,100 円(遺族厚生年金)
	妻が 40〜64 歳の期間*	なし	1,146,200 円(遺族厚生年金+中高齢寡婦加算)
	妻が 65 歳以降の期間	780,100 円(老齢基礎年金)	1,341,200 円(老齢基礎年金+老齢厚生年金)

＊夫の死亡時に 40 歳以上のケース
(出所)生命保険文化センター HP

されるというものです。

前記の試算例を基本として、夫がなくなった場合の年金額(年額)を計算したものが、表2－3です。セーフティネットとしての遺族保障をイメージしてもらえると思います。

生命保険の基本は死亡保険ですが、二〇一二年度のデータを見ると、民間の生命保険会社が支払った保険金(遺族保障)が三兆四五〇億円であったのに対して、公的年金保険の遺族年金の支払額はその倍以上の六兆一〇一九億円にのぼります。

公的年金保険は、老後保障のみならず、遺族保障の面でも実に大きな役割を担っているのです。

ii　就業不能保障――働き手が働けなくなったとき

現代は医学が高度に進歩したため、ひと昔前ならすぐに亡くなってしまうような大事故に遭遇しても、直ちに病院に運ばれて必要な処置を受けることができれば、一命をとりとめることが可能です。本当にすばらしい時代になったものだと思います。しかし、そのような場合は、しばしば長期療養を余儀なくされ、場合によっては二～三年以上働けないことも決して珍しくはありません。

この就業不能リスク（働けないリスク）は、実は死亡リスク以上に大きなものがあります。

一家の働き手が病気やケガで働けなくなる就業不能リスクは、一見すると、失業と似ていますが、長期間療養を余儀なくされ物理的に働くことができない点が大きく異なります。このリスクに備えるのが「就業不能保障」ですが、就業不能リスクは、比較的新しい概念であるため、労災の場合を除いて日本の就業不能リスクに備えたセーフティネットは十分とはいえません。就業不能リスクに対処する代表的なセーフティネットは、公的年金保険の「障害年金」、公的医療保険の「傷病手当金」の二つです。

まず「障害年金」についてみてみましょう。

公的年金保険には一定の障害状態になった場合に受け取れる「障害年金」があります。遺族保障と同様に、加入する年金種類によって受給要件となる障害状態や受け取る年金が異なります。

国民年金の「障害基礎年金」の金額は、障害状態に応じて、1級が九七万五一〇〇円、2級が七八万一〇〇円に、加算額として子ども一人につき二二万四五〇〇円(三人目以降、一人につき七万四八〇〇円)が支払われます。

障害等級の1級とは、日常生活ができない状態とされ、たとえば活動範囲はベッド周辺に限られ、他人からの介助を必要とする状態です。また2級は、日常生活に著しい支障がある状態とされ、たとえば家での簡単な食事づくりなど軽微な活動はできるものの、仕事をすることが難しい状態です。具体的には、国民年金法施行令別表(第四条の六関係)で、1級については一一項目、2級については一七項目が定められています。

【1級】

- 両上肢の機能に著しい障害を有するもの
- 両下肢の機能に著しい障害を有するもの

- 両眼の矯正視力の和が〇・〇四以下のもの
- その他、計一一項目

【2級】

- 一上肢の機能に著しい障害を有するもの
- 一下肢の機能に著しい障害を有するもの
- 両眼の矯正視力の和が〇・〇五以上〇・〇八以下のもの
- その他、計一七項目

一方、「障害厚生年金」ですが、障害等級2級を基準に計算してみます。遺族厚生年金で試算した同じ例をとると、障害厚生年金の金額(障害等級2級)は七八万五六〇〇円となります。

障害等級1級の場合は、障害等級2級の金額の一・二五倍です。障害厚生年金には、障害基礎年金にはない障害等級3級があり、金額は障害等級2級と同額(最低保障五八万五一〇〇円)です。障害等級1級・2級の場合にのみ、生計を一にする六五歳未満の配偶者がいると二二万四

表 2-4　障害年金の種類と受給要件・支給額

		国民年金	厚生年金
年金の種類		障害基礎年金	障害基礎年金 ＋障害厚生年金
受給要件		障害等級 1・2 級	障害等級 1・2 級のほか，障害等級 3 級や 3 級より軽い場合あり
障害等級に応じた支給額	1 級	975,100 円	1,901,000 円
	2 級	780,100 円	1,565,700 円
	3 級	なし	585,100 円 (障害基礎年金には 3 級はないため支給なし)

(注)子ども加算等は考慮していない

五〇〇円が加算されます。

表2−4は障害年金をまとめたものになります。一般に障害等級1級は生活不能、2級は生活制限、3級は労働制限といわれていますが、生活費を賄うにはやや心許ない金額といえます。

もう一つのセーフティネットが「傷病手当金」です。傷病手当金は病気やケガで仕事に就けないときに、療養中の所得保障を行う制度です。公的医療保険についてはこのあとで詳しく説明しますが、傷病手当金は従業員が加入する健康保険や公務員が加入する共済組合にある制度で、自営業者などが加入する国民健康保険にはありません。

それでは傷病手当金はどのような場合に受け取れるのでしょう。次の四つの条件をすべて満たしたときに、傷病手当金が支給されます。

① 業務外の事由による病気やケガの療養のための休業であること
② 仕事に就くことができないこと
③ 連続する三日間を含んで四日以上仕事に就けなかったこと
④ 休業した期間について給与の支払いがないこと

①の条件が少しわかりづらいかもしれません。業務上の事故や通勤災害によるものは労災保険の給付対象なので重複して支給されないということであり、美容整形など病気とみなされないものも対象外となるということです。

傷病手当金が支給される期間は、支給を開始した日から最長で一年六カ月です。傷病手当金は、この支給期間中に、欠勤一日につき標準報酬日額の三分の二に相当する額が支給されます。たとえば、標準報酬月額三〇万円（標準報酬日額一万円）の場合は、欠勤一日につき一万円×二÷三＝六六六七円となります。

傷病手当金は支給停止（支給調整）となるケースがいくつかあります。たとえば、出産手当金や老齢年金、障害年金、労災保険の休業(補償)給付を受けた場合などです。傷病手当金が所得保障を目的としているため、他の所得保障や手当と重複して受け取れないようになっているのです。

もう一度、病気やケガで働けなくなった場合のセーフティネットをおさらいしておきます。所定の障害状態になって働けなくなったときには、障害年金がその役割を担いますが、認定基準の厳しさ(障害1級、2級、3級)や障害年金額に不安が残ります。病気やケガで療養が必要となり職場を休むときには、傷病手当金が支給されますが、支給に上限(収入の三分の二、最長一年六カ月まで)があり、自営業者や専業主婦(主夫)にはそもそも保障がありません。このように、日本の就業不能保障は、いまだ十分ではないように思われます。

iii　老後保障

高齢になって働けなくなった場合の生活に備えるのが、国民年金と厚生年金の公的年金保険です。

日本の平均寿命は男性が八〇・五〇歳、女性が八六・八三歳(厚生労働省「簡易生命表」二〇一四年)と世界最高水準を維持しています。六五歳定年制の職場に勤めて定年を迎えれば、老後の生活は二〇年前後にもなります。しかし、これはあくまで平均余命での話です。平均余命より長生きするとどうなるでしょう。もし老後の蓄えが十分でなければ(平均寿命を前提に貯蓄していたと仮定すると)、資産を取り崩しても不足するケースが生じます。長生き自体は喜ばしいことですが、経済的には当てが外れたことになるのです。

このような事態に陥るリスクを「長生きリスク」(長寿リスク)、あるいは「ロンジェビティリスク」と呼んでいます。老後の生活基盤を支える所得保障は、どの国でも公的年金、企業年金や退職金、私的年金や貯蓄の三本柱になります。その中のセーフティネットである日本の公的年金保険はどのような仕組みになっているのでしょうか。

公的年金保険には二つの種類があります。日本国内に住所のあるすべての人が公的年金保険への加入を義務づけられており、その人の働き方によって加入する年金の種類が決まっています。すなわち、主として自営業者が加入する「国民年金」と、被用者が加入する「厚生年金」の二つです。詳しくは表2-5のとおりです(二〇一五年一〇月以前にはこの二つの他に、公務員や教員などが加入する共済年金がありました)。

公的年金を受け取るには、原則として二五年(三〇〇月)以上の加入期間が必要となります(二〇一七年四月からは一〇年以上となる予定)。六五歳になると、国民年金から「老齢基礎年金」が支給されます。

加入期間が四〇年の場合、国民年金から支払われる基本額(年額)は七八万一〇〇円(二〇一五年度価格の満額)となります。現在の保険料を基準とすると、納付総額は一万五五九〇円×四八

表2-5　2種類の公的年金

制　度	国民年金	厚生年金
加入者	20歳以上60歳未満の国内在住者(自営業者に加えて学生，専業主婦など)	被用者(国民年金も同時加入)
保険料	1人あたり月15,590円(2015年4月〜2016年3月)(被用者の配偶者で扶養されている場合は負担なし)	一般の被用者は月給と賞与に対して8.914%(2015年9月〜2016年8月)．同額を企業が負担
加入期間	原則，20歳から60歳に達するまでの40年間	在職中(20歳未満も含む．最長70歳に達するまで)
年金の種類	老齢基礎年金	老齢基礎年金と老齢厚生年金
年金年額	最高78.01万円(2015年度価格)(加入期間によって個人差あり)	150万円〜250万円くらいの人が多い(加入期間や生年月日，収入によって個人差あり)
年金受給開始年齢	65歳(60歳〜70歳まで繰上げ・繰下げができる)	生年月日や性別に応じて段階的に61歳〜65歳に引上げ(60歳〜70歳まで繰上げ，繰下げができる)

(出所)厚生労働省「2015年度の年金額改定について」

表 2-6　モデル家庭の厚生年金

（モデル家庭）
夫・妻ともに：1993 年 4 月 2 日以降の生年月日で同い年
夫：被用者（厚生年金の加入月数 480 月，平均標準報酬月額 35 万円）
妻：専業主婦（国民年金の加入月数 480 月）

受け取る年金			年金額	計算式
夫	老齢厚生年金	定額部分（老齢基礎年金）	773,900 円	1,676 円（定　額）×1.000（乗　率）×480（加入月数）×0.962（スライド率）
		報酬比例部分	961,300 円	35 万円（平均標準報酬　額）×5.769（乗率）／1000×480（加入月数）×1.031×0.962（スライド率）
		加給年金	0 円	（妻が 65 歳になるまで，夫の年金に加算）
妻	老齢基礎年金		780,100 円	（2015年度価格の満額）
合　計			2,515,300 円	

〇月＝七四八万三二〇〇円となります。それを年金額で割り戻すと九・五九年です。つまり六五歳から約一〇年長生きすれば、自分が支払った保険料の元は取れるということです。負担と給付の関係を考える一つの目安になると思います。

一方、被用者が加入する厚生年金の年金額は、生年月日や加入期間、平均月収で決まります。計算を簡単にするために、表2−6のモデル家庭で見ると、年金額は夫の厚生年金が、一七三万五二〇〇円、妻の国民年金と合わせて二五一万五三〇〇円となります。毎月二〇万円強の年金が受け取れるということです。

このように国民年金に上乗せして厚生年金に加入している被用者と、国民年金だけにしか加入していない自営業者などの人とでは、将来受け取る年金額に大きな差が生じます。この差を解消するため自営業者などの人の上乗せ年金として、付加年金及び国民年金基金制度があります。

公的年金保険は各人の事情によって変わります。自分の年金加入記録の確認や年金額の試算をしたいときは、日本年金機構の「ねんきんネット」サービス(http://www.nenkin.go.jp/n_net/)を利用できます。また、国民年金や厚生年金の加入者には、毎年の誕生月に「ねんきん定期便」が届きますので、それをみて年に一度は自分の老後を考えるきっかけにしてみてはどうでしょうか。

iv　失業保障(雇用保険)

所得保障を担う社会保険の一つに、労働保険があります。労働保険とは労働者災害補償保険(いわゆる「労災保険」)と雇用保険とを総称したものです。ここでは主に雇用保険の中の失業保障についてみていきます。

雇用保険は国が運営する社会保険で、労働者（パートタイマー、アルバイトを含みます）を一人でも雇用している事業体であれば、原則として強制的に適用されます。雇用保険は、雇用に関する総合的機能を有する仕組みですが、多くの人は、失業したときの失業等給付や公共職業安定所（ハローワーク）をイメージするでしょう。昔の名称である失業保険という単語の方が耳慣れているかもしれません。

負担についてですが、毎月の雇用保険料は、一般の事業者の場合、給与や賞与の総支給額に対して、従業員の負担は一〇〇〇分の五、事業主の負担は一〇〇〇分の八・五となります（二〇一五年度）。月収三〇万円であれば、従業員が支払う雇用保険料は一五〇〇円となります。他の社会保険の保険料と比べると少額です。

次に失業等給付ですが、「求職者給付」「就職促進給付」「教育訓練給付」「雇用継続給付」の四種類があります。一般の被保険者の求職者給付のうち、代表的な「基本手当」に絞ってみていきます。

「基本手当」は、定年や倒産、契約期間の満了等により離職した人に対して、失業中の生活を心配することなく、新しい仕事を探し、一日も早く再就職するために支給されるものです。雇用保険の被保険者が離職して、就職の意思や能力があるにもかかわらず新しい職業に就くことができない場合に支給されます。原則、離職日以前の二年間に被保険者期間が通算して一二カ月以上あり、失業したことが条件です。

受給期間は、原則として、一年間です。その間に病気やケガ、妊娠、出産、育児等の理由により引き続き三〇日以上働くことができなくなったときは、その日数だけ、受給期間を延長することができます。ただし、延長できる期間は最長で三年間となっています。

基本手当の給付日数は九〇日から三六〇日で、年齢や雇用保険の被保険者期間、離職の理由などにより決定されます。一例を挙げると、自己都合により離職した人や定年退職者の人は一般受給資格者となり、全年齢共通（六五歳未満）で、被保険者期間ごとに、一〇年未満は九〇日、一〇年以上二〇年未満は一二〇日、二〇年以上は一五〇日となります。

支給額は、基本手当日額が基準になります。基本手当日額は、原則として離職した日の直前の六カ月に毎月きまって支払われた賃金（賞与等は除きます）の合計を一八〇で割って算出した金額の約五〇〜八〇％（六〇〜六四歳については四五〜八〇％）となっています。基本手当日額は年齢区分ごとにその上限額が定められており、たとえば三〇歳以上四五歳未満の場合は七一〇五円（四五歳以上六〇歳未満は七八一〇円）が上限となっています（毎年八月一日に変更）。

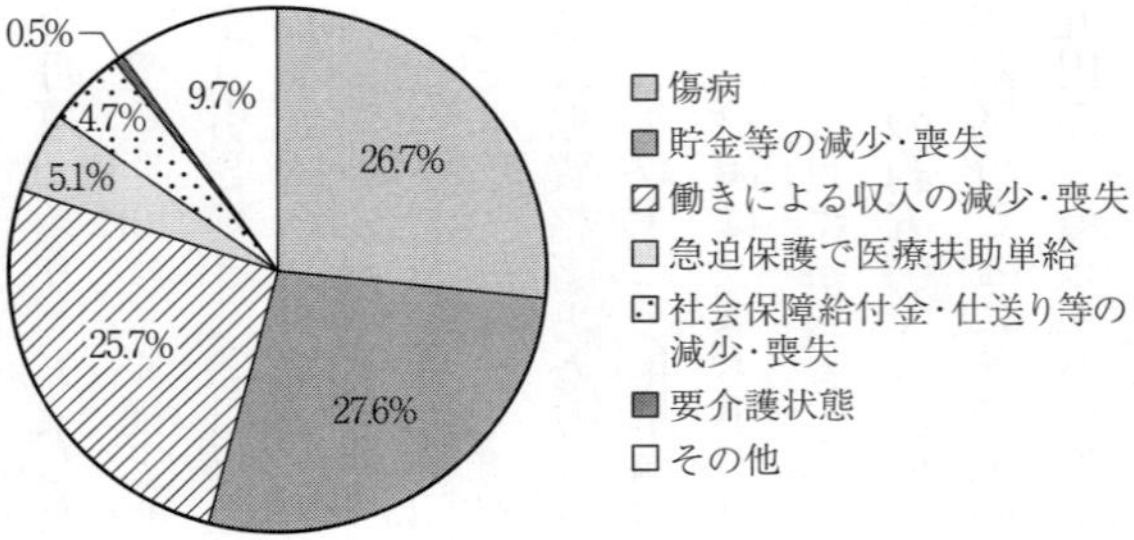

（出所）厚生労働省「2012 年度被保護者調査」

図 2–1　生活保護開始の主な理由

v　生活保護

所得保障の最後の拠り所（ラスト・リゾート）は「生活保護」になります。生活保護の説明に入る前に図2－1のグラフをみてください。

生活保護開始の理由は、二七・六％が「貯金等の減少・喪失」、二六・七％が「傷病」、二五・七％が「働きによる収入の減少・喪失」です。中でも、「世帯主の傷病」が二五・四％にのぼりますので、長期療養により世帯の収入が途絶えることでたちまち生活が困窮する可能性がいかに高いかがよく分かります。前述した就業不能リスクと生活保護は直結しているのです。

生活保護は、生活に困窮する人に対して政府や自治体がその困窮の程度に応じて必要な保護を行い、健康で文化的な最低限度の生活を保障するとともに、自立を助長することを目的とした公的扶助制度です。この制度は、国民の生存権と政府の社会的使命を規定する日本国憲法第二五条に基づくもので、前述したⅰ〜ⅳの制度や、自治体が実施するその他の手当などを活用してもなお生活が困窮するような場合を保護する、セーフティネットのいわば最後の砦となります。

保護の対象は生活保護法第一条で日本国民となっています。また、適法に日本に滞在し、活動に制限を受けない永住、定住などの在留資格をもつ外国人については、国際道義上、人道上の観点から、生活保護法を準用しています。

生活保護については申請のハードルが高いような話をよく耳にしますが、生活保護の支給要件はどうなっているのでしょうか。生活保護の要件は、次記の四条件をすべて満たした上で、世帯の収入と最低生活費を比較して収入が最低生活費に満たない場合に、生活保護が適用されます。

① 資産の活用

預貯金や生活に利用されていない土地・家屋等があれば売却等して生活費に充てる必要がある。

表2-7　生活保護で受けられる8つの扶助

生活を営む上で生じる費用	扶助の種類	支給内容
日常生活に必要な費用(食費・被服費・光熱費等)	生活扶助	基準額は，①食費等の個人的費用，②光熱水費等の世帯共通費用を合算して算出．特定の世帯には加算がある(母子加算など)
アパート等の家賃	住宅扶助	定められた範囲内で実費を支給
義務教育を受けるために必要な学用品費	教育扶助	定められた基準額を支給
医療サービスの費用	医療扶助	費用は直接医療機関へ支払(本人負担なし)
介護サービスの費用	介護扶助	費用は直接介護事業者へ支払(本人負担なし)
出産費用	出産扶助	定められた範囲内で実費を支給
就労に必要な技能の修得等にかかる費用	生業扶助	定められた範囲内で実費を支給
葬祭費用	葬祭扶助	定められた範囲内で実費を支給

(出所)厚生労働省「生活保護制度」

② 能力の活用

働くことが可能な人は、その能力に応じて働かなければならない。

③ あらゆるものの活用

年金や手当など他の制度で給付を受けることができる場合は、まずそれらを活用する。

④ 扶養義務者の扶養

親族などから援助を受けることができる場合は、援助を受ける必要がある。

なお、最低生活費とは表2-7

の八つの扶助を合計したものです。この最低生活費から他の収入を差し引いたものが生活保護費となります。

理解を深めるために最低生活費をみてみましょう。標準三人世帯(三三歳、二九歳、四歳)、東京都世田谷区在住(1級地-1)をモデルに試算すると、生活扶助費は一五万三八六〇円、住宅扶助費は実費(六万九八〇〇円の範囲内)となり、最低生活費(月額)は最大二二万三六六〇円となります。この金額は居住地や家族構成(人数や年齢)によって変わりますので、地方郡部(3級地-2)に住んでいる場合は、生活扶助費は一二万二五二〇円、住宅扶助費は五万三二〇〇円の範囲内と、都市部と比べて最低生活費は少し下がります。

Ⅱ　医療保障

公的医療保険の種類

それでは、次に医療保障についてみてみましょう。

日本では、すべての市民が生まれたときから何らかの公的医療保険に加入する「国民皆保険制度」が採られています。

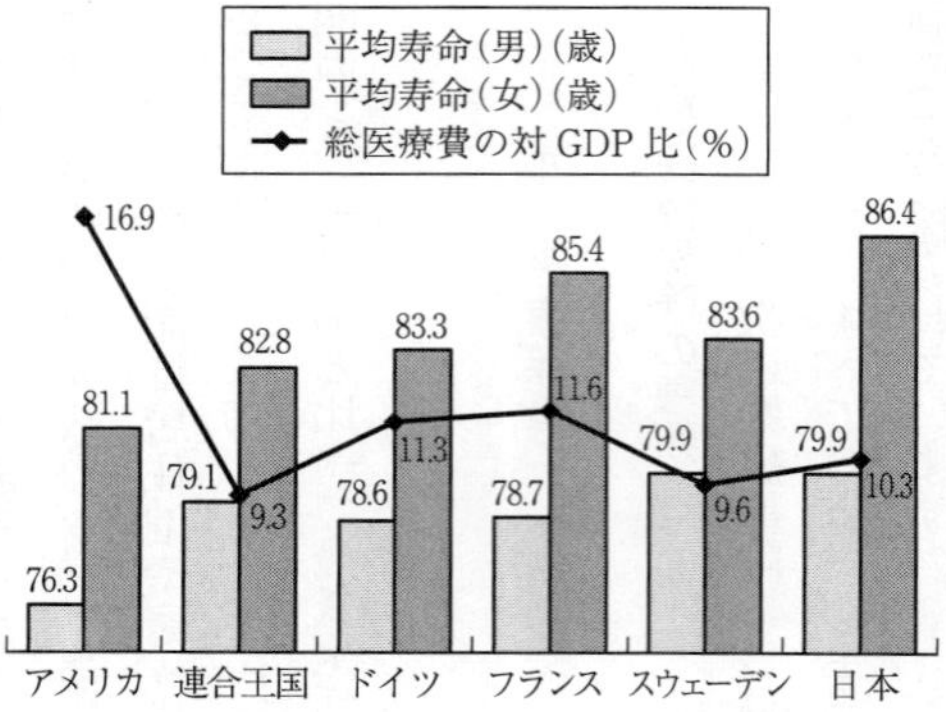

(出所)厚生労働省「OECD加盟国の医療費の状況」(2012年)を元に筆者作成

図2-2 先進各国の総医療費(対GDP比)と平均寿命

日本の総医療費(対GDP比)は、図2-2のように先進国の中では相対的に低いレベルです。

これに対して、医療政策の目標である平均寿命を見ると、日本は、先進国の中では最優レベルです。

つまり、これまでは、少ない費用で最高のパフォーマンスをあげてきたわけですから、日本の皆保険制度は、とても優れた仕組みであるといっていいと思います。これから少子高齢化がさらに進む中で、この優位性をいかに保っていくかが大きな課題です。

日本の公的医療保険は、大別して三つの種類があります。民間の被用者とその家族は「健康保険」、公務員とその家族は「共済組合」、自営業者は「国民健康保険」に加入することになります。また、七五歳以上の後期高齢者は、これらの公的医療保険とは独立した「後期高齢者医療制度」によってカバーされることになります。

保険料は加入している公的医療保険の種類ごとに異なります。

被用者の場合、保険料は毎月の月収(標準報酬月額)と賞与(標準賞与額)に保険料率を乗じて計算されます。保険料は、原則として労使折半になります。たとえば、中小企業の従業員向けの協会けんぽの保険料率(四〇歳未満)は九・九七%(東京都、二〇一五年九月分)ですので、標準報酬月額を三五万円とした場合、三五万円×九・九七%(保険料率)÷二(労使折半)＝一万七四四七円となります。皆さんの手元に給与明細があれば、健康保険料の項目をみて保険料を確認してみてください。

自営業者の場合、国民健康保険の保険料は、条例で定められるため市町村(東京二三区を含みます)によって異なり、前年の世帯年収などに応じて計算されます。

医療費の負担

私たちは病院や診療所で治療を受けると、窓口で保険証を提示して、実際にかかった医療費の一部を支払います。三割負担が原則で(小学校入学後〜六九歳まで)、小学校入学までは二割、高齢者は所得や年金に応じて一〜三割となっています。差額の七割以上の部分は、公的医療保険(保険者)から医療機関に支払われます。これを「現物給付」と呼びます。

現物給付という言葉に少し違和感があるかもしれませんが、病院で治療を受けたときに、お金ではなく医療サービス（現物）が給付されているのでそう呼んでいるのです。

ところで、医療費の自己負担が原則三割に軽減されるとしても、大きな手術を受け一回の治療費が数百万円になったり、長期入院により毎月数十万円ずつ医療費がかかったりすれば、安心して治療に専念することができません。何よりセーフティネットとしての機能が果たせません。そこで高額な医療費がかかる場合の負担を軽減するために、「高額療養費制度」が設けられています。

高額療養費制度とは、長期入院や高度な治療により、ひと月あたりの医療費の自己負担額が高額になった場合、本人の申請により一定の金額（自己負担限度額）を超えて支払った医療費について給付を受けることができる制度です。医療費の限度額（自己負担限度額）は表2-8のように所得に応じて定められています。

多数該当の場合
140,100円
93,000円
44,400円
44,400円
24,600円

具体的に計算すると、一〇〇万円の医療費で、窓口での負担（三割）が三〇万円かかったとし

表 2-8 高額療養費制度の概要

70 歳未満の場合

所得区分		ひと月あたりの自己負担限度額
①	年収約 1,160 万円〜 健保：標準報酬月額 83 万円以上 国保：年間所得 901 万円超	252,600 円 ＋(医療費－842,000 円)×1%
②	年収約 770〜約 1,160 万円 健保：標準報酬月額 53 万円以上 83 万円未満 国保：年間所得 600 万円超 901 万円以下	167,400 円 ＋(医療費－558,000 円)×1%
③	年収約 370〜約 770 万円 健保：標準報酬月額 28 万円以上 53 万円未満 国保：年間所得 210 万円超 600 万円以下	80,100 円 ＋(医療費－267,000 円)×1%
④	〜年収約 370 万円 健保：標準報酬月額 28 万円未満 国保：年間所得 210 万円以下	57,600 円
⑤	住民税非課税の場合	35,400 円

(注)70 歳以上の場合はさらに軽減される

た場合(七〇歳未満、年収五〇〇万円、表の③のケース)には、自己負担限度額は八万一〇〇円＋(一〇〇万円－二六万七〇〇〇円)×一％＝八万七四三〇円となります。つまり、二一万二五七〇円が還付されます。

これは、同じ人が同じ月に、同じ医療機関に支払った自己負担額についての場合ですが、同一世帯で一年間(直近一二カ月)に三カ月以上、高額療養費が支給されると、四カ月目以降の自己負担限度額はさらに軽減されます(「多数該当」といいます)。

先のケースでは四カ月目以降の個人負担の上限は四万四四〇〇円となります。

高額療養費を受け取るためには申請を忘れないように気をつけてください。また、医療費が高額になりそうな場合には、前もって保険者に申請を行い「限度額適用認定証」をもらって「保険証」と同時に病院の窓口に提示することで、実際の支払額を自己負担限度額までとすることができます。現金が手元にない場合などには、あらかじめ手続きしておくことをおすすめします。

このように、日本の公的医療保険をまさにセーフティネットたらしめている中心的な制度が、「高額療養費制度」だといえます。その意味では、この制度こそが公的医療保険のコアだと筆者は考えています。

Ⅲ　介護保障

健康寿命と平均寿命

最後に介護保障について説明します。公的介護保険は二〇〇〇年に新しく始まったセーフティネットなので、公的医療保険と比べれば、まだまだ馴染みが薄いのではないでしょうか。

日本の平均寿命は世界最長水準を維持しています。すばらしいことですが、単に平均寿命が延びるだけでは、すばらしい社会だということはいえないと思います。そもそも動物である人間の尊厳とは何かといえば、一人で食事ができ、一人でトイレに行けることだという意見があります。つまり豊かな長寿社会を実現するためには、平均寿命ではなく、健康寿命を延伸させることこそが重要です。

日本の健康寿命と平均寿命を見ると一〇年前後の差があります。この差が介護期間ということになります。そうであれば、政府の行う政策の優先順位（方向付け）は、まず健康寿命を延ばすことに振り向けられるべきです。そのためには、働き続けることがベストの方策であることは、ほとんどの医療関係者が指摘しています。仕事を辞め社会との関係が絶たれて孤独になると、四五％寿命が短くなり、六四％認知症が増えるというアメリカの研究があると聞きました。その観点からすると、日本の定年制ほど非人道的なものはない、と筆者は考えています。能力や意欲に関係なく、その人の誕生日次第で職場を追われるというシステムが、健康寿命を延伸させるとは到底思われないからです。

日本は成長分野に向けて労働の流動化を図るという大きなグランドデザインの下に、年齢フリーの労働慣行を新たに創り上げ、定年制は廃止すべきです。定年制を廃止すれば、ガラパゴス的な年功序列賃金は成り立たなくなり、自然と同一労働・同一賃金に移行するはずです。それを支えるセーフティネットは、被用者保険の適用拡大を図り、原則として自営業者などを除くすべての被用者に労働時間にかかわりなく厚生年金保険・健康保険を適用することが基本となるべきだと思います。

しかし、仮に年齢フリーで働ける社会を実現できたとしても、平均寿命と健康寿命を完全に一致させることは、おそらくできない相談でしょう。介護期間は必ず生じます。このような事態に陥ったときのセーフティネットとして公的介護保険があるのです。

公的介護保険の仕組み

公的介護保険は、四〇歳以上の人から保険料を集め、原則六五歳以上で要介護状態になったとき、介護サービスを自己負担一割の利用料で受けられる仕組みのことです。

もう少し詳しくみていきます。公的介護保険は、市町村(東京二三区を含みます)が保険者となって運営する社会保険で、介護サービスの費用が受給者に給付される仕組みです。四〇歳以上の人が被保険者となりますが、年齢によって二つに分けられます。

六五歳以上の第1号被保険者と、四〇〜六四歳の第2号被保険者です。第2号被保険者は、受給要件が格段に厳しくなっています。

公的介護保険を理解する上でも、負担と給付の関係をしっかり押さえておくことが重要です。まず、私たちはどれくらい保険料を負担しているのでしょうか。

四〇歳以上になれば被保険者として、原則、すべての市民が保険料を徴収されます。公的介護保険の給付財源は、保険料と公費(政府、都道府県、市町村)が半分ずつになります。

第1号被保険者の一カ月あたりの保険料は、全国平均が月額五五一四円(二〇一五〜一七年度)となっています。第2号被保険者である民間の被用者や公務員などの保険料は、給与と賞与をベースとし、それに加入している公的医療保険の保険者ごとに定める保険料率をかけた額です。それを労使で折半しています。

たとえば、協会けんぽの介護保険料率は一・五八%(東京都、二〇一五年九月分)ですので、標準報酬月額を三五万円とした場合、一カ月あたりの保険料は三五万円×一・五八%(介護保険料率)÷二(労使折半)＝二七六五円となります。

公的介護保険の保険料は、第1号被保険者は年金給付から、第2号被保険者は公的医療保険と合算されて給与から天引きされています。自分の保険料がいくらかを知るには、毎月の給与明細をみる癖をつけるのが一番の近道です。

表2-9　介護サービスの上限額

要介護度		上限額	利用できる在宅サービスの目安(例)
要支援	1	50,030円	週2〜3回のサービス
	2	104,730円	週3〜4回のサービス
要介護	1	166,920円	1日1回程度のサービス
	2	196,160円	1日1〜2回程度のサービス
	3	269,310円	1日2回程度のサービス
	4	308,060円	1日2〜3回程度のサービス
	5	360,650円	1日3〜4回程度のサービス

公的介護保険による介護サービスを受けられるのは、原則六五歳以上の第1号被保険者の中で、要介護者や要支援者と認められた人だけです。介護が必要な人は、要介護(1〜5)と要支援(1〜2)の七ランクに区分されます。要介護度が高いランクほど、利用できる在宅サービスの上限額(区分支給限度基準額)が高くなります(表2-9)。

主なサービスと利用料

公的介護保険で利用できる主なサービスには、在宅サービス、地域密着型サービス、施設サービスがあります。

在宅サービスは、ホームヘルパーが自宅に訪問してくれる訪問介護や訪問入浴介護、デイサービスやデイケア、ショートステイなどです。

地域密着型サービスは、定期巡回・随時対応型訪問介護看護、小規模多機能型居宅介護などです。

施設サービスは、介護老人福祉施設(特別養護老人ホーム)や介護老人保健施設、介護療養型医療施設(二〇一七年度末までに廃止予定)の三つの施設に入所している要介護者に限定されるサービスです。

介護サービス利用料は、上限額までは所得にかかわらず一律一割の自己負担となります。上限額を超えた部分は、全額自己負担となります(ただし、自己負担には月額の限度額があります)。この部分を民間の生命保険が上手に補完することが求められているのだと思います。

なお、二〇一五年八月からは、合計所得一六〇万円以上の場合に限って(ただし年金収入のみならば二八〇万円以上)、自己負担が一割から二割へと引き上げられました。また、二〇一五年四月から、特別養護老人ホームへの新規入所資格が原則として要介護1以上から要介護3以上に引き上げられています。

第3章　生命保険にはどのような商品があるのだろう

1　誰のためか、何のためか

誰のためか

第2章では、政府のセーフティネット(社会保障)についてみてきました。わが国のセーフティネットはシビル・ミニマム以上のものがあると思いますが、その内容をよく理解すると、自分や家族に足りない保障がみえてきます。保障が不足しているのであれば、サイフ(家計)とよく相談した上で、生命保険を上手に買って補うことが必要です。その前提として、この章では生命保険にはどのような商品(種類)があるのかをみていくことにしましょう。

生命保険には、数多くの商品があります。現在市販されている商品を数えただけでも、数百にのぼります。これだけ多くの商品内容をすべて理解し、上手に使うということは消費者にとっては至難の業です。

ではどうすればいいのでしょうか。どうしたら、生命保険商品をより良く理解できるようになるのでしょうか。筆者は、「枝葉ではなく幹をみること」が重要だと考えています。生命保険商品の幹をしっかりみすえることで、全体を俯瞰することが可能になります。シンプルに

「誰のために？」「何のために？」と頭の中で思い浮かべてもらえればいいと思います。

まず、「誰のために生命保険を買うのか」です。

生命保険の代表的なイメージといえば、自分に万が一のことがあったときに備えるものではないでしょうか。この場合は、残された家族のために生命保険を買うといえるでしょう。

もう一つは自分自身のためです。自分が働けなくなったらどうしようという場合などです。別の見方をすれば、誰が保険金や給付金を受け取るのかということです。

何のためか

次に「何のために生命保険を買うのか」。第1章でお話ししたロス・ファイナンシングを思い出してください。人生でどのようなことが起きたときにロスが生じるか、という方が分かりやすいかもしれません。これは私たちが生きていく上で、降りかかってくる不測の事態を想起することでもあります（老後は必ずしも不測ではありませんが）。自分に万が一のことがあったときや、病気やケガで働けなくなったとき、などです。

就職や結婚、出産、退職などのライフイベントは、生命保険を検討するきっかけにはなりますが、生命保険を買う目的ではありません。

表3–1　生命保険商品の整理の仕方

誰のためか／何のためか	家族のため	自分のため
死亡リスク	死亡保険	
働けなくなるリスク		就業不能保険
長生きリスク		個人年金保険 介護保険
治療リスク		医療保険
貯蓄目的	こども保険	

このように考えると、生命保険商品を表3–1のように整理することができます。それぞれの生命保険商品についてはあとで説明しますので、生命保険商品の整理の仕方を押さえておいてください。

どのような商品が売れているか

ところで、いきなり個々の生命保険商品の説明に入っても、なかなか興味が湧いてこないかもしれません。手っ取り早く、どのような商品が現実に売れているのかが気になる人も多いのではないでしょうか。政府のセーフティネットを補完するのが生命保険の本質的な役割ですので、みんながどのような生命保険商品を買っているのかを知ることは、マーケットの大きな流れをつかむ上でも参考になると思います(図3–1)。

まず、多くの人が買っている生命保険は、やはり死亡保障商品が主力になっています。生命保険文化センターの調査

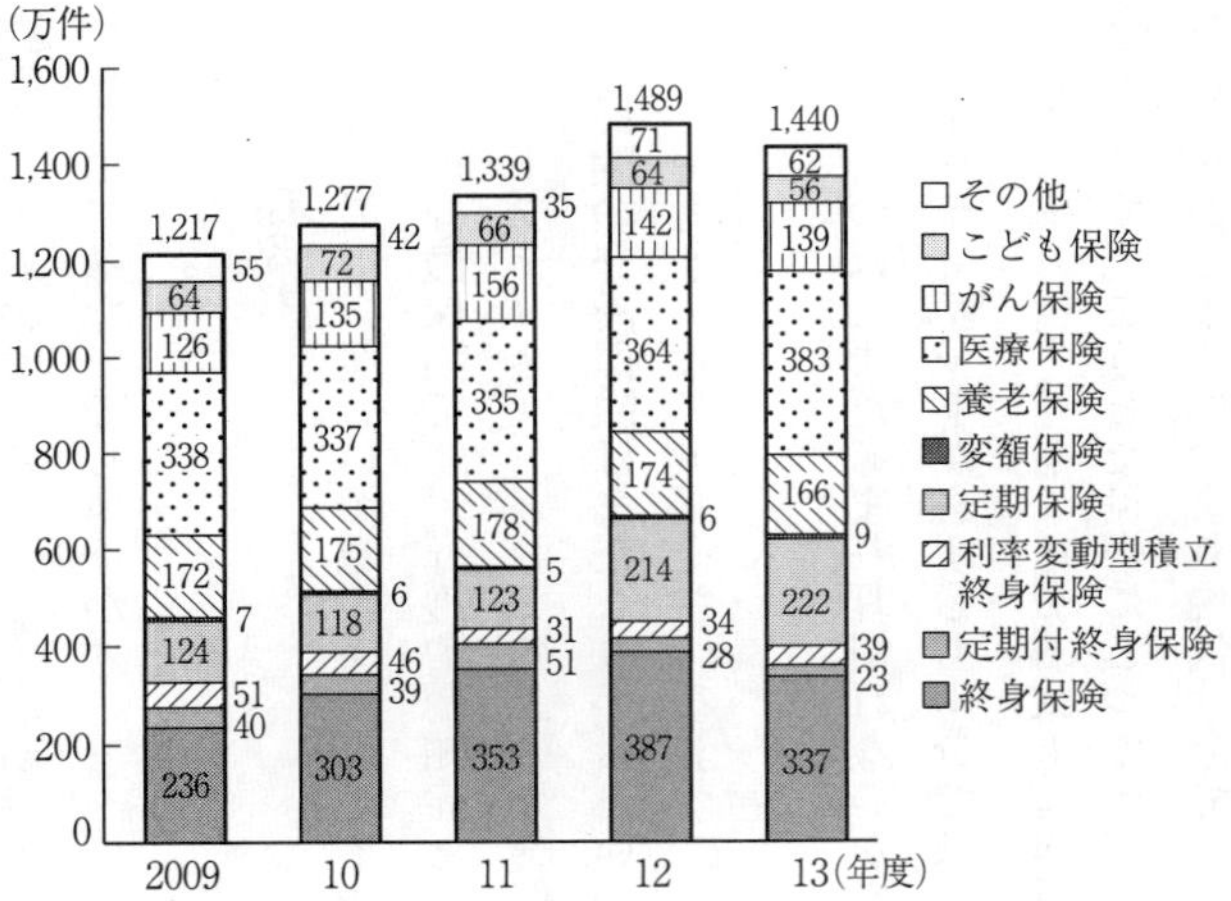

（出所）生命保険協会「生命保険の動向」(2014年)

図 3-1　個人保険の新契約件数（種類別）

（二〇一三年度）によると、男性の八〇・九％、女性の八一・九％が死亡保障商品を買っています。死亡保障商品には定期死亡保険や終身死亡保険、養老保険などがありますが、ゼロ金利が影響して、かつての積立タイプ（終身死亡保険や養老保険）から保険本来の姿である掛捨てタイプの定期死亡保険が次々に新しく販売されています。

次によく売れている商品は何か。皆さんもテレビCMなどで目にすることの多い医療保険やがん保険です。自分が亡くなったときの死亡保障は当然のこととして、自分が生きている間の保障（「生前給付」といいます）に注目が集まっているのです。医療保険は病気やケガで入院や手術をしたときの保障になるもので、給付(保険金や給付金がもらえるとき)がイメージしやすいことが注目されているる理由ではないでしょうか。

新しい顔ぶれ

では、最近、新しい領域の保険として注目されている商品は何でしょうか。

一つは介護保険です。介護や認知症といった言葉をテレビや新聞で目にしない日はありません。セーフティネットとしての公的介護保険は二〇〇〇年に創設されたばかりで、それを補完する民間の介護保険はまだこれからといったところです。それにもかかわらず、高齢化社会に入って長生きリスクが実感されるようになり、終身介護保険のニーズには根強いものがあります。

もう一つは、まだあまり耳慣れないかもしれませんが、就業不能保険です。就業不能に備えるセーフティネットが必ずしも十分ではないことは、第2章で述べたとおりです。世帯構成の変化からみても、今後のわが国ではますます単身世帯やシングルペアレント世帯が増加していきそうです。こうした世帯にとっては、まず自分自身が働けなくなったときの生活費を確保する必要があります。つまり現代社会では、従来にも増して就業不能リスクが高まってきているのです。アメリカやドイツなどの保険先進国で就業不能保険がよく売れているのもうなずけます。

主契約と特約

生命保険を買うということは、法律的に述べれば、消費者である皆さんが、生命保険会社と生命保険契約を結ぶということです。生命保険契約は、ふつうは主契約と特約から構成されています。主契約はそれだけで生命保険契約として成り立つもので、特約はそれだけでは生命保険契約として成立しませんが（特約だけを買うことはできません）、保障を充実させたり、利便性を高めたりするために主契約に付加されているものです。

市販されている生命保険商品のほとんどには、特約が付加されています。特約自体には問題はありませんが、いくつもの特約が付加されてしまうと、契約内容自体が複雑となり、消費者の理解が難しくなってしまいます。

二〇〇五年に保険金不払問題が発覚しました。背景には、さまざまな要因が混在していましたが、その原因の一つとして、生命保険契約を複雑にした特約の存在があったことはまだ記憶に新しいところです。主契約の終身死亡保険や終身医療保険に、通院や、がん、介護などの保障を上乗せし、さらには配偶者や子どもの医療保障まで付加した複雑な保険商品もありました。結果として、生命保険会社ですら保障内容を十分に把握できず、保険金や給付金の支払い漏れが起きてしまったというわけです。

もう一つ注意すべきことは、特約単独では契約を維持できないということです。主契約を解約したら上乗せしている特約もすべて自動的に解約されてしまいます。たとえば毎月の生命保険料の支払いが家計の負担になったときに、特約だけを継続することはできないのです。

生命保険は長期の契約ですので、主契約だけで全体が理解できるようなできるだけシンプルで分かりやすい単品商品を基本として、必要な保障を必要な期間だけ加入することを筆者はおすすめしています。

2　生命保険商品の種類

六つの種類

ここからは具体的に生命保険商品を種類別に概説します。「死亡保険」「就業不能保険」「医療保険」「こども保険」「個人年金保険」「介護保険」の六つに大別して、それぞれの特徴をみていきたいと思います。

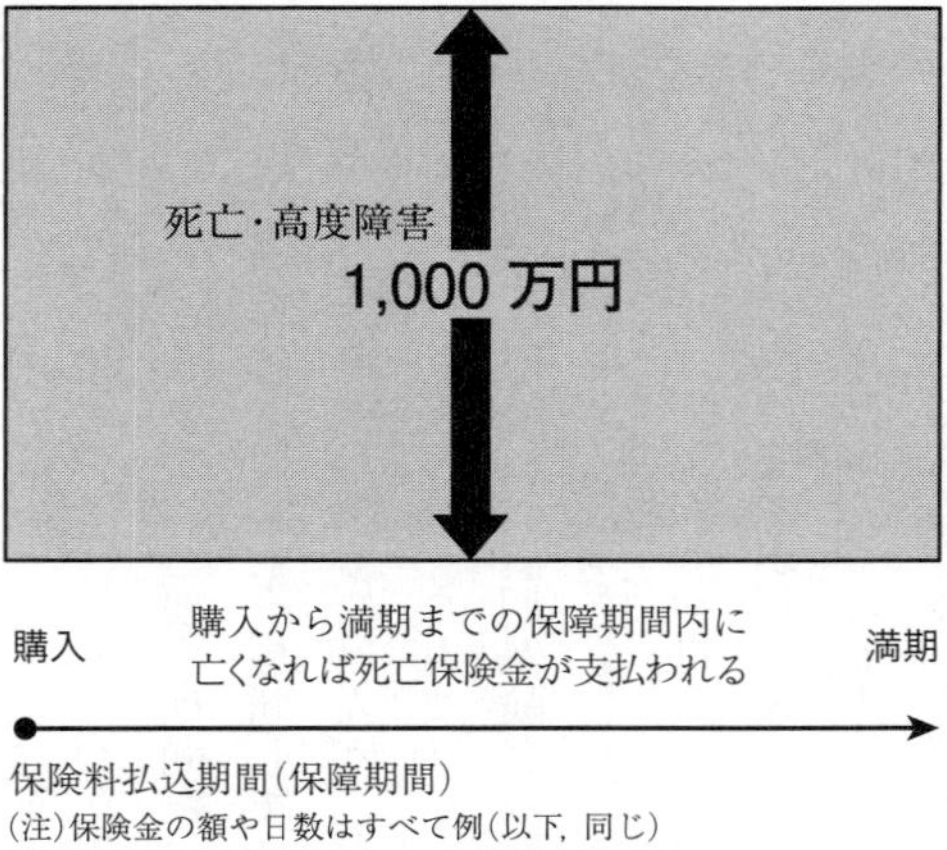

(注)保険金の額や日数はすべて例(以下，同じ)

図 3-2　定期死亡保険

Ⅰ　死亡保険

i　定期死亡保険(定期保険)

まず最初は、生命保険の一丁目一番地ともいえる死亡保険です。生命保険といえば、ふつうは死亡保険を指すことが多いようです。死亡保険は一般に、「定期死亡保険」と「養老保険」と「終身死亡保険」に分けることができます。

「定期死亡保険」は、一定の期間、死亡保障を提供する商品で、保障期間中に万が一のことがあった場合に死亡保険金を受け取ることができます(図3-2)。世界中でもっともポピュラーな生命保険で、主として子どもの教育費を担保する目的で使われています。

保障期間は一〇年、二〇年といった年単位のものや、六〇歳や七〇歳までといった年齢単位のものがありますので、必要な期間だけ保障を買うことができます。保障期間が年単位の場合には、一定の年齢まで契約を更新して継続することができます。更新時には新たに健康状態等の審査を受ける必要はありませんが、保険料は更新時の年齢で再計算されるので、年齢が上がった分だけ、保険料は高くなります。

また定期死亡保険には満期保険金はありません。満期保険金がないため保険料は最小限に抑えることができます。いい方を変えれば、定期死亡保険は死亡保険の中でもっともレバレッジの高い商品です。火災保険や自動車保険を想起してもらうと分かりやすいのですが、保険は本来、保障のみの掛け捨てが基本なのです。

定期死亡保険にはいくつか派生商品があります。受け取る保障額が毎年減っていく「逓減定期保険」、逆に保障額が増える「逓増定期保険」などがあります。

逓減定期保険の中に、「収入保障保険」があります。収入保障保険は遺族の毎月の生活費を保障する保険です。ある家族が夫の収入により毎月二〇万円で生活しており、夫が保険金二〇万円の収入保障保険(保険期間六五歳まで)を買っていたと仮定します。夫が三五歳で亡くなった場合、遺族は毎月二〇万円を夫が生きていたら六五歳になったであろう年まで受け取ることができます。受け取る保険金(総額)は、二〇万円×一二カ月×三〇年＝七二〇〇万円となります。同様に六〇歳で亡くなったら、二〇万円×一二カ月×五年＝一二〇〇万円となります。

ところで、保険料は年齢が上がるに従って(死亡率が高くなるので)高くなります。この保険は保険料が高くなる高年齢期の保障が自動的に小さくなるので、製造原価(純保険料)を低く抑えることができます(詳しくは第7章で説明します)。定期死亡保険と収入保障保険の関係については、コラム(一九三頁)を載せましたのでお読みください。

ii　養老保険

「養老保険」は、かつての主力商品でした。定期死亡保険と同様、一定の保障期間中に万一のことがあった場合に死亡保険金を受け取ることができます。定期死亡保険と異なる点は、満期時に死亡保険金と同額の満期保険金を受け取ることができる点です。つまり、養老保険は、定期死亡保険に同じ保険期間の生存保険(貯蓄保険)を付加したものです(図3-3)。

第4章の「七二のルール」のところ(九六頁)で詳しくお話ししますが、高度成長期で金利が高い時代には、複利効果が十分に働き、払い込んだ保険料以上の金額を満期保険金として受け

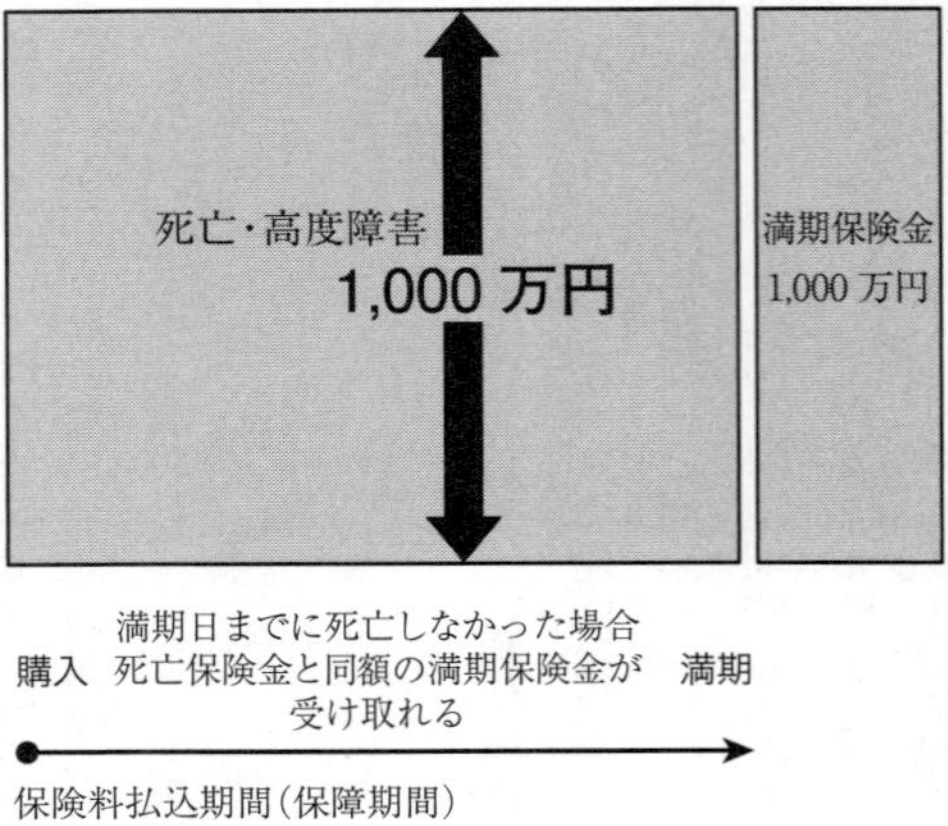

図 3-3　養老保険

取ることができました。かつての養老保険は、死亡保障と有利な貯蓄という二つのニーズを双方ともに満たす「すぐれもの」だったのです。

具体例でみてみましょう。一九九〇年当時は金利も高く、予定利率（一六八頁）は五・五%でした。そのとき、三〇歳の男性が、死亡保険金一〇〇〇万円の三〇年満期の養老保険を買った場合の保険料は年額一万九五七八円でした。すると支払総額は一万九五七八円×三〇年＝五八万七三四〇円となります。つまり、六〇万円弱を支払えば三〇年後に一〇〇〇万円を受け取れたのです（途中で死亡すれば一〇〇〇万円の死亡保険金が支払われます）。

ところが標準利率が一・〇%に引き下げられた二〇一三年にまったく同じ養老保険を買えば保険料は三万二五三四円に引き上げられています。すると支払総額は、三万二五三四円×三〇年＝九七万六〇二〇円となります。つまり、九八万円弱を支払わないと、一〇〇〇万円を受け取れなくなったのです。利率が四・五％下がるだけで、同じ一〇〇万円をもらうための保険料が、三八万八六八〇円も値上がりしたのです。

このように、低金利時代に入ったことで養老保険は主力商品の座を明け渡すことになりました。生命保険で貯蓄を行うことと、低金利はトレードオフの関係になります。

現在、養老保険は、主として法人向けの節税商品として販売されることが多いようです。

iii　終身死亡保険（終身保険）

「終身死亡保険」は、一生涯にわたっていつ死亡しても死亡保険金を受け取ることができる保険です（図3-4）。人間はいつかは死ぬわけですから、終身死亡保険は必ず保険金を受け取ることができます。その分、定期死亡保険と比べると保険料は高くなり、レバレッジは低くなります。

現在、終身死亡保険は、男性は一〇七歳、女性は一一〇歳を終期として計算しています。つまり、終身死亡保険は、男性なら一〇七歳満期の養老保険なのです。養老保険と異なり終身死亡保険がいまだによく売れているのは、「必ず保険金がもらえる」という安心感と、一〇七歳、一一〇歳という終期をほとんどの人が意識しないからだと思います。

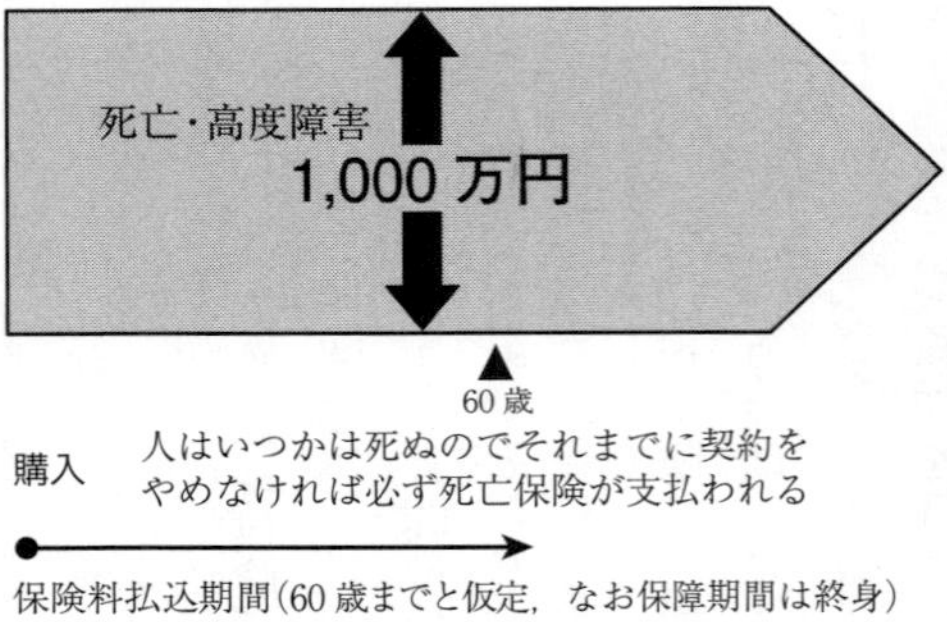

図 3-4　終身死亡保険

保険料の払い込みを六〇歳や六五歳までで終了する商品も売られていますが、これは平均寿命を基準として、それまでに払い込むべき保険料の総額を六〇歳や六五歳までに前納させる仕組みです。簡易生命表によれば、男性の平均寿命は約八〇歳（女性は約八七歳）なので、単純に考えると、八〇歳（男性）以前に死ねば損、それ以上長生きすれば得ということになりますが、この問題については、またあとで触れたいと思います（一二五頁）。

伝統的なセールストークでは、「就職したら親元を離れて独立して生活していくのだから、家族がいなくても、自分に万が一のことがあったときの葬式代として二〇〇万〜三〇〇万円ぐらいは自分で用意しておくべきだ」と、新社会人に終身死亡保険を販売していました（さらに現実には、その上に特約を乗せていました）。

終身死亡保険は、養老保険と同じように死亡保障に貯蓄要素を加えていますが、現在では保険料の払い方や運用方法ごとにさまざまな商品が用意されています。低金利時代では、どうやって利回り（払込保険料に対して、いくら戻ってくるか）を高めるかが一大関心事だからです。保険料を一時払いする「一時払商品」、ドルやユーロなど円より金利の高い通貨で運用する「外貨建商品」、ハイリスク・ハイリターンの株式などで運用する「変額商品」、解約返戻金を低水準に抑えた「低解約返戻金型商品」などがあります。

いずれも契約者が運用リスクや解約リスク（一定期間内に解約すると解約返戻金がゼロもしくはごくわずかとなる）を背負うことによって、利回りを高く設定しています。生命保険は超長期の契約となるため、将来、保険料が家計を圧迫したときなどの解約リスクを過小評価しないことが肝心です（中途で解約＝流動化したときに、解約返戻金がどうなるかを事前に確認しておくことが利回り以上に重要です）。

終身死亡保険を養老保険の一種と考えれば、現下の金利水準では、お金を増やすという観点からすればあまり妙味はないと考える方が自然です。

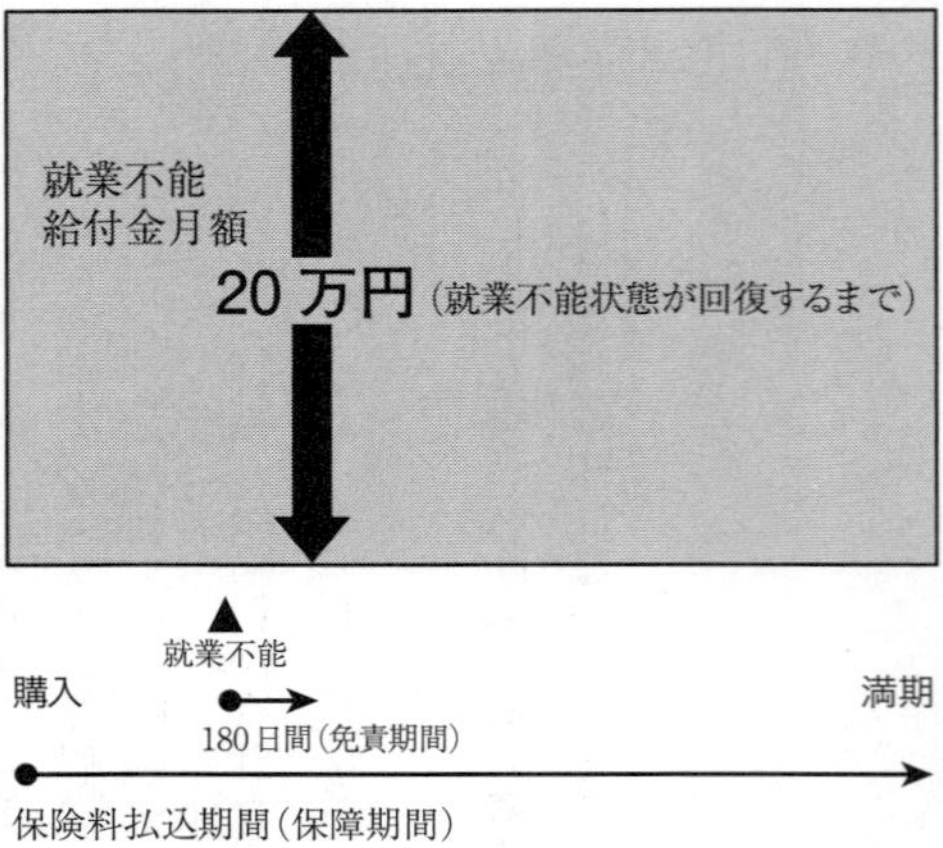

図3-5　就業不能保険

Ⅱ　就業不能保険

先進国では主力商品の一つに

就業不能保険は、病気やケガで長期間、入院や在宅療養を余儀なくされ、働けなくなることによって、収入が途絶えた場合に備える保険です。療養期間中は、（保険会社の）免責期間が経過した後、毎月、給与のように給付金を受け取ることができます（図3-5）。

つまり、体が完治するまで、安心して療養してほしいというタイプの保険です。

先進国であるアメリカやドイツでは、このタイプの保険（一般にdisabilityと呼ばれています）が、主力商品の一つに育ちつつあります。すでに述べたように医学の進歩によって、たとえばひと昔前なら即死状態の大事故にあっても、すぐ病院に運ばれて集中治療室などで適切な治療を受ければ、一命をとりとめる場合が増えたからです。このような場合は長期の療養を余儀なくされるのがふつうで、就業不能という新しいニーズが生まれてきたのです。

この保険は、就業不能給付金の受取期間によって、三年や五年程度の短期就業不能保険と、六〇歳や六五歳（公的年金保険の受給開始年齢に接続）までの長期就業不能保険に分けられます。

また就業不能保険には、一般に免責期間が設けられています。免責期間は、就業不能状態になってから給付金が支払われるまでの期間です。七日から三六五日の間で定められることが多く、一八〇日程度の免責期間がふつうです。これは、主として企業の保障制度との兼ね合いによるものです（一～三カ月から半年までの間は企業が面倒をみてくれるケースが多い）。免責期間が短くなると、給付金を受け取れる可能性が高まるわけですから、当然保険料は高くなります。逆に、免責期間が長くなると、給付金を受け取れる可能性が低くなり、商品の魅力が損なわれることになります。

受け取る給付金の額は、月収の六～七割程度を上限とする場合が多いようです。これは、収入から税金や社会保険料などを除いた手取りの水準で、手取りを超える保障を受け取ることができれば、職場に復帰する意欲が削がれるからです。

ところで支払要件となる就業不能状態とはどのような状態をいうのでしょうか。

定義は生命保険会社によって差がありますが、一般的な就業不能状態の定義は、「病気やケガを原因として」、「治療を目的として入院や在宅療養を受けており」、「いかなる職業にも従事できないこと」などとなっています。

就業不能リスクは、特定の病気にかかわらず生じるため、がんや三大疾病(がん・急性心筋梗塞・脳卒中)といった病気やケガの特定を行わないことがふつうです。また、精神障害や他覚所見(医師の診断で症状が裏付けされるもの)のないものは原則として対象外となります。これは、モラル・ハザードの観点から「なりすまし」を防ぐ方法が、医学的にまだ確立していないことが主たる理由です。

「いかなる職業にも従事できない」とはあまり馴染みがない表現かもしれませんが、その意図するところは次のとおりです。まず社会復帰を目的としている保険商品のため、療養前と同じ職場で働くことや、経験のある仕事に再就職することを条件とはしていません。「いかなる職業にも従事できない」と判断するのは、原則として生命保険会社ではなく患者の主治医です。医師は医師法によって、患者のためを思ってベストアドバイスをするように法定された職業です。その医師が「これは働けない」という以上に患者に優しい決め方はないからです。

チェックすべき点

最近では、就業不能ニーズに応えた生命保険商品が相次いで発売されていますが、就業不能リスクに本格的に備えるためにチェックすべき点が二つあります。

一つは、長期であること。一度体をこわしたらいつ完治するかは誰にも分からないので、長期であることがこの保険の命綱だと思います。就業不能リスクは収入が途絶えるリスクなので、当然といえば当然の条件です。

もう一つは、病気やケガを限定(制限列挙)しない保障内容であること。どういう場合に就業不能状態になるかは誰にも分かりません。政府のセーフティネットを補完するための就業不能保険ですから、モラル・ハザード以外の観点で病気やケガを限定すれば万が一のときの保障が抜け落ちてしまいます。

Ⅲ　医療保険

自分で給付を受け取る保険

病気やケガに備える保険として、医療保険があります。

日本では皆保険制度が採られてきたので、医療費の自己負担は原則三割、かつ高額療養費制度があって上限も決められています。このためわが国の民間の医療保険は、公的医療保険の対象外の費用（その典型が差額ベッド代）を保障するところから出発しました。つまり入院日額○○円をお支払いします、という形です。

しかし、これだけでは、生命保険本来の強味であるレバレッジがあまり効きません。そこで、入院日額を何倍かした（一〇倍、二〇倍など）手術給付金が受け取れる形になりました。さらに、がん保険における診断給付金に代表されるようなレバレッジを強調した商品が開発され、現在に至っています。

医療保険は自分が給付金を受け取ることが基本で、この点が死亡保険と大きく異なる点です。保障期間によって、「定期医療保険」と「終身医療保険」に分けられます。海外では定期医療保険が一般的ですが、日本では終身医療保険が主流です。ふつうの医療保険は病気やケガを問わず保障しますが、がん保険はがんに限定し、特定疾病保障保険は三大疾病（がん・急性心筋梗塞・脳卒中）に限定するなど、その対象範囲に違いがあります。

i　医療保険

「医療保険」は生命保険会社がしのぎを削っている代表的な商品の一つです。もっともシンプルな医療保険は、入院したときと手術を受けたときに給付金が受け取れるタイプです（図3-6）。

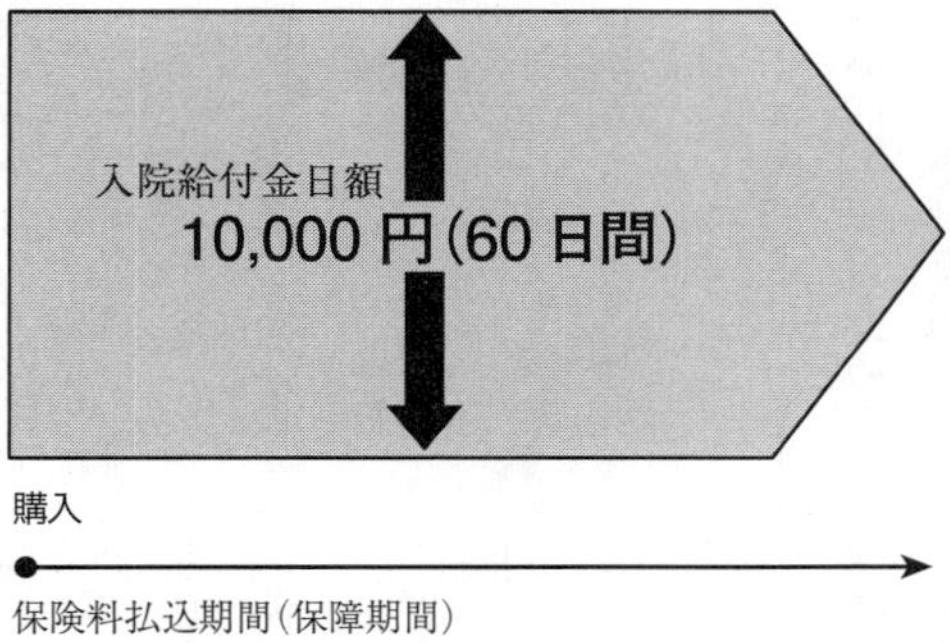

図 3-6　医療保険（終身）

入院保障は、病気やケガで入院したときに、たとえば一日につき五〇〇〇円や一万円の入院給付金を受け取るものです。一回の入院には支払限度日数が設けられていることが多く、六〇日型が主流ですが、長いものでは一八〇日型や三六五日型もあります。

入院日数は年々短くなっているので（二〇一一年患者調査によると、平均三四・三日）、六〇日型を基準とし、三大疾病による入院の場合は無制限とするタイプが最近のトレンドといえます。

手術保障は、公的医療保険の対象となる手術を受けたときに、手術内容に応じて、入院給付金日額の一〇～四〇倍を手術給付金として受け取ることができます。手術に放射線治療を含めて保障する商品もあります。

また、最近では、通院保障にフォーカスした医療保険も登場しています。これは、入院から在宅療養に重点をシフトさせようとする政府の医療政策を受けての動きです。通院保障は、入院を条件とすることが一般的で、退院後の通院のほか、入院前の通院を保障する商品もあります。

医療保険については、「先進医療」という言葉を耳にした人も多いのではないでしょうか。先進医療という言葉を聞くと、夢のような最先端の医療をイメージしますし、テレビCMでは高額な先進医療費を月々一〇〇円程度の保険料で保障しますと謳っているわけですから、気になるのは仕方がないところです。

先進医療とは、厚生労働省の定義では「厚生労働大臣が定める高度の医療技術を用いた療養その他の療養であって、保険給付の対象とすべきものであるか否かについて、適正な医療の効率的な提供を図る観点から評価を行うことが必要な療養」とされており、平たくいえば、自由診療ではあるけれど保険診療との混合診療が認められている新しい治療法ということです。

現時点では標準的な治療ではないため、先進医療を実施できる医療機関は限定されています（二〇一五年九月時点で先進医療Aは六二種類九六九件、先進医療Bは四五種類六二一件。なお、Bは原則として薬事法上の承認等が得られていない医薬品等を用いるもの）。つまり、先進医療特約を付けても近くに対象となる医療機関がなければ、先進医療は受けられないということです。だから保険料が安いのです。

医療保険は、特約をつけることで多種多様なアレンジをすることができます。保障内容は細かくみればきりがありませんが、医療保険の柱は入院給付金（通院を含む）と手術給付金だと覚えておいてください。

ii　がん保険

「がん保険」は医療保険に次いで人気の高い商品です。がん保険はその名のとおり、がんの保障に特化した生命保険商品です。

ベーシックな保障内容は医療保険と同じで、入院をしたときや手術を受けたときに給付金が支払われます。一回の入院限度を無制限にしている商品が一般的です。

医療保険とは異なるがん保険の代表的な保障は「診断給付金」です。がんと診断確定されたときに一時金として、一〇〇万円前後の金銭を受け取ることができます。がんの場合は、医師の診断を受けてから、治療方法を自分自身で選択するので、がん診断時の前払給付はこれからの闘病に向けて大きな金銭面での支えになります。

がん診断給付金は、保障期間中一回限り受け取れるものや、二年に一回を限度として複数回受け取れるもの、入院を要件とするものなど商品ごとに違いがあります。

最近のがん保険は、レバレッジを重視して、入院や手術を保障する旧来のタイプから、がんの診断確定時や継続治療時にまとまった一時金を受け取れるタイプに変わりつつあります。

がん保険を買う場合の注意点を三つ挙げておきます。

一つは、がん保険には待ち期間が設けられていることです。生命保険会社により待機期間、不担保期間などと呼ばれることもありますが、待ち期間とは要するに保障が受けられない免責期間のことです。一般には、申込みや告知をした日から九〇日間を待ち期間としています。これは、健康に不安を感じてからがん保険に加入する人などに対して、一定期間様子をみるために設けられているものです。待ち期間中にがんの診断を受けた場合には、保険契約は無効となり、無保険状態になる場合がある点に注意が必要です。

二つ目は、細かい点ですが、対象となる「がん」は悪性新生物のみを指すのか、悪性新生物と上皮内新生物を指すのかという点です。医学的にはがんは悪性新生物を指しますが、上皮内新生物を上皮内がんと呼称していたことからこのような混乱が生じています。手術をすれば完治することができる上皮内新生物を保障に含めるかどうかは各社で対応が分かれていますが、含める場合は、その分が保険料に反映されていることはいうまでもありません。

三つ目は、医療保険とがん保険にダブルで加入する場合、どうしても保障が重複する部分が出てきます。保障が手厚くなるといえば聞こえはいいのですが、すべて契約者の保険料負担に跳ね返ってくることを忘れてはなりません。

iii　特定疾病保障保険

がん・急性心筋梗塞・脳卒中の三大疾病により所定の状態になったときに、(生前に)まとまった保険金を受け取ることができるのが「特定疾病保障保険」です。三大疾病は、日本人の死因の上位を占めている病気です。一般には、生命保険の対象者である被保険者が死亡したとき、高度障害状態になったとき、三大疾病により所定の状態になったときに保険金が受け取れます。生きている間に保険金を受け取ることができる点が大きな特徴ですが、三大疾病に罹ったらすぐに保険金を受け取れるわけではない点に注意してください。

たとえば、がんは診断確定がなされれば保険金が支払われますが、急性心筋梗塞や脳卒中は、その状態が一定期間(六〇日のケースが多いようです)継続し、その後医師から療養する必要があると診断された場合に限って保険金が支払われます。

一般に、死亡保険では、死亡したときと高度障害状態になったときに保険金を受け取れます。高度障害状態とは、たとえば「両眼の視力をまったく永久に失った状態」や「両上肢とも手関節以上を失った（またはまったく永久に用を足さない）状態」などかなり重い状態を指しますので、現実問題として生前に保険金を受け取るケースは稀です。特定疾病保障保険は、死亡や高度障害状態になったときに保険金が受け取れる死亡保険と、医療保険やがん保険の中間に位置している生命保険商品といえるでしょう。

Ⅳ　こども保険

なじみやすい生命保険商品

「こども保険」は、子どもの学資を準備するための保険です。「学資保険」とも呼ばれていま す。子どもの入学や進学時期に合わせて祝金や満期保険金が受け取れる仕組みになっています（図3-7）。

契約者である親が亡くなったときには、保険料の払い込みが免除されることが特徴です（祝

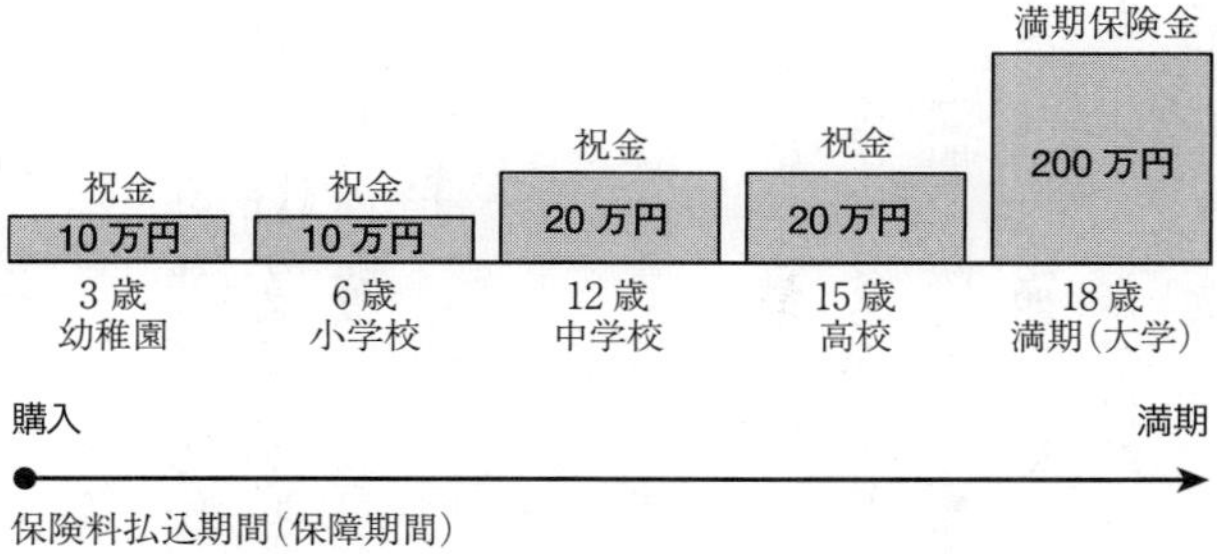

図 3-7　こども保険

金や満期保険金は予定どおり受け取れます）。生命保険会社によっては、出産予定日の一四〇日前から加入できる商品もあります。

こども保険は愛する子どもの成長を夢みて、その教育資金や進学資金に備えるものですから、とても馴染みやすい生命保険商品です。誰であれ、自分の死を考えるより、子どもの進学を考える方が楽しいからでしょう。

ただし、こども保険も養老保険や終身死亡保険と同様、貯蓄タイプの商品になりますので、低金利下では本来の強味を発揮することはできません。

こども保険の問題点は、低金利に加え、①掛け捨ての定期死亡保険と組み合わされているので、貯蓄専用の商品より利回りが劣ること、②早い時期に解約すると元本割れが生じること（このことは逆に、中途解約しづらいので学資を確実に貯めることができるというメリットにもなります）、③利回りは契約時に固定されるので、将来金利が上昇した場合はその恩恵が受けられないこと、の三つです。

したがって、「子どもが生まれたから、こども保険に入らなければならない」ということではありません。子どもの教育資金の準備は保険以外でもできますので、幅広い選択肢の中から柔軟に検討することが必要です。

なお、保険以外の教育資金の準備方法、すなわち資産形成方法については、主に五つの方法があります。それぞれのメリット・デメリットは、概ね表3-2のとおりです。

V　個人年金保険

老後にどう備えるか

老後に備える保険として「個人年金保険」があります。個人年金保険は、貯蓄タイプの保険で、満期保険金を年金原資として分割払いで年金を支払うものです(図3-8)。年金を受け取る期間は、定期(一〇年、二〇年など)と終身があります。年金の種類としては、本人が死亡しても遺族が年金を受け取れるタイプ(確定年金、保証期間付年金)と、本人しか受け取れないタイプに別れます。

表 3-2　教育資金の準備方法

	方　　法	メリット	デメリット
元本保証あり	普通預金	● いつでも出し入れが自由(流動性が高い) ● 決済にも使いやすい	● 引き出しやすいので貯まらない恐れがある ● 金利が低い(現時点ではほぼゼロ)
	自動積立定期預金	● 普通預金に比べて貯めやすい(確実性が高い) ● 金利上昇の恩恵が受けられる	● 金利が低い(普通預金よりは上)
	個人向け国債(毎月購入)	● 定期預金より利回りは上	● 1 年以内は換金不可 ● 現金化する時に元本割れのリスクがある ● 口座管理手数料がかかる場合がある
	一般財形貯蓄	● 給与天引きされるので貯めやすい(確実性が高い) ● 低利の融資を受けられる	● 勤務先に財形貯蓄制度がなければ利用できない ● 1 年以内の払出しはできない(3 年以上の定期積立が必要)
元本保証なし	投資信託(毎月積立型)	● 経済(企業)が成長すれば，中期的には利回りが一番高くなる可能性がある ● 必要なときに必要な金額だけ取り崩しができる ● 株式投資信託なら NISA が活用できる	● 元本割れリスクがある ● 商品を選ぶときに一定の知識が必要

(注)外貨運用(FX)などリスクの高い運用は除く．NISA は個人投資家のための税制優遇制度で，毎年 100 万円の非課税投資枠が設定され(最長 5 年間，最大 500 万円)，「値上がり益」や「普通分配金」が非課税になる．

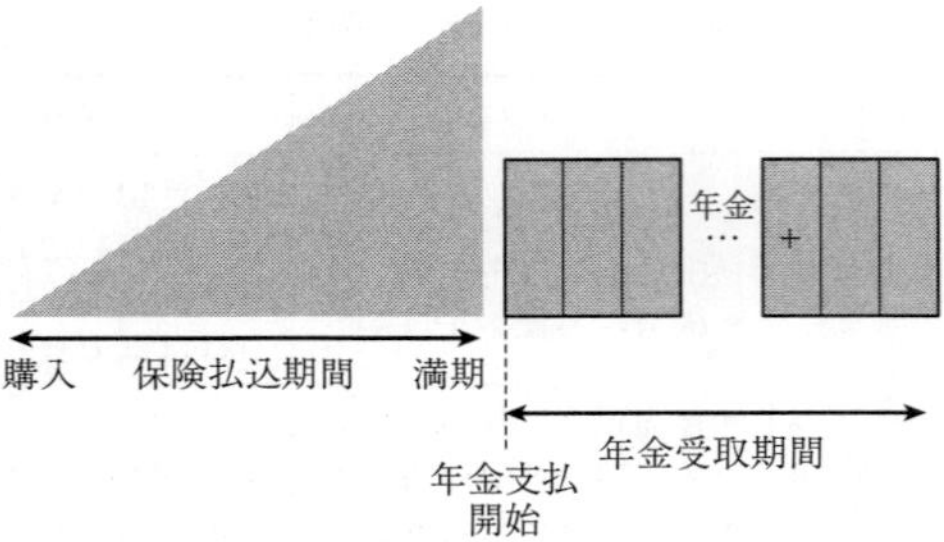

図 3-8　個人年金保険

こども保険同様、個人年金保険は、老後に備える資金を貯めるための一つの方法に過ぎません。したがって、こども保険のところで述べた五つの準備方法(表3－2)が比較の対象としてすべて当てはまります。

加えて、近年、税制上有利な確定拠出年金(日本版401k)という制度が導入されました(企業型は月額拠出上限五万五〇〇〇円、個人型は六万八〇〇〇円まで非課税となります)。これは、現役時代に掛金を確定拠出して、掛金とその運用収益の総額を老後の年金として受け取る仕組みです。ただし運用の巧拙に従い、将来の受給額は変動します。

この六つの方法と個人年金保険をよく比較考量することがなによりも大切です。

個人年金保険にはメリットが二つあります。

一つは「個人年金保険料控除」による節税効果があることです。個人年金保険に税制適格特約を付加した場合には個人年金保険料控除を受けることができ、所得税や住民税を抑えることができます。この特約を付加するには次のすべての条件を満たす必要があります。

① 年金受取人は、契約者か契約者の配偶者であること
② 年金受取人は、被保険者と同一人であること
③ 保険料の払込期間が一〇年以上であること
④ 確定年金の場合、年金開始年齢は六〇歳以降で、年金の受取期間が一〇年以上であること

税金がいくらぐらい得になるかという計算は一〇五頁以下をごらんください。

二つ目は終身にわたって年金を受け取れることです。公的年金保険はもちろん終身年金ですが、民間では終身年金は生命保険会社しか取り扱うことができません。

年金の基本的な考え方としては、まず何よりも公的年金保険の保険料をきちんと支払うことが大前提です。その上で、自分の年金としては、節税効果の高い確定拠出年金(401k)をまず考慮した上で、個人年金保険を含めた六つの方法(表3-2)をよく検討するという順序が自

然だと思います。

Ⅵ　介護保険

給付の条件、金額が重要

老後にかかる費用のうちで、もっとも想定しづらいのは介護費用だといわれています。「介護保険」は、介護に備える保険です。公的介護保険は二〇〇〇年に創設されたまだ歴史の浅いセーフティネットなので、それを補完する民間の介護保険もこれから発展していく商品だと思います。

介護保険については、どのようなときに給付金を受け取れるか(給付条件)、またいくら給付金を受け取れるか(給付金額と給付期間)という二点が重要です。

まず、給付条件ですが、公的介護保険の基準に連動するものと、生命保険会社独自の基準によるもの、その両方のタイプがあります。公的介護保険の基準を適用する場合は、要介護2以上を給付条件とする商品が多数をしめています。要介護3や要介護4と基準を厳しくすれば、保険料はそれだけ安くなります。

次に給付金額と給付期間です。介護費用は要介護度によって大きく変動すること、またまかりまちがえば青天井になりかねないことに留意する必要があります。給付期間は途中でストップすると大変なので、終身を基準とすべきでしょう。以上の点を踏まえて、介護一時金や介護年金を考えてください。

介護保険を難しくしているのが購入時期だと思います。

厚生労働省の調査では、要介護認定を受け始める年齢は平均七五歳なので、ふつうは親など身近な人がその年齢になって、ようやく介護を自分事として意識し始めます。そうすると自分の介護に備えようと考え始めるのは五〇代前後となるので、他の生命保険と比べて購入を意識する時期がかなり遅くなるわけです。この時期は子どもの大学進学時期とちょうど重なるので、もし、親の(現実の)介護と自分の(将来の)介護保険をあわせると、下手をすれば三重苦となりかねません。

介護については自分の介護だけではなく、親の介護についてもよく考えておく必要があると思います。

Ⅶ　変額保険

運用実績で決まる受取額

最後は「変額保険」です。運用実績によって受取額(保険金・給付金や年金)が増減する保険で、主な商品としては「変額保険」と「変額個人年金保険」があります。

通常の変額保険は、死亡したときは基本保険金と変動保険金を受け取ることができます。運用実績により変動保険金がマイナスになっても、基本保険金が最低保証されます。しかし、満期時に受け取る満期保険金や解約返戻金は、運用実績によって変動しますので、最低保証はありません。

変額個人年金保険も変額保険と同じように、運用実績に応じて年金原資や受け取れる年金総額が変動します。要するに、変額保険は投資信託と同じような商品なのです。そう割り切って考えれば、後は投資信託と比べて単純に有利か不利かだけで選べば問題はないと思います(原理原則から考えれば、保障が付いている分だけ、投資信託よりは不利になります。ただし、終身タイプの商品は投資信託にはありません)。

第4章　生命保険を買う前の注意点

1　家計をチェックしよう

固定費としての生命保険料

皆さんは、どのようなきっかけで生命保険を買うのでしょうか。

母の友人がセールスをやっていてすすめられた、あるいは学生時代の友人が生命保険会社に勤めていてすすめられたなど、身近な人にすすめられるままに、実はあまりよく考えずに買ってしまったというケースが多いようです。

きっかけはどうであれ、生命保険の購入を考える場合に、最初にやるべきことは「自分の家計をチェック」してみることです。

人間が生きていく上では、衣食住が何よりも大切です。毎日ふつうにご飯が食べられるか、安心して眠れるねぐらがあるか、ふつうに服が買えるか、ということです。衣食住に不自由をしているのに生命保険を買うということは、根本的に間違っていると思います。とにもかくにも、食事をたっぷり摂って、ぐっすり眠れる環境を確保することが、動物である人間にとっては何よりも大切なことです。

簡単でいいので自分の家計をチェックして、衣食住に不自由がないかをまずきちんと確認してから生命保険のことを考えるようにしましょう。すでに述べたように、世界的にみても生命保険が普及し始めるのは、衣食住が足りて次の成長に向けテイクオフし始めた状態（国）からです。

なお、これからの日本は昔の高度成長時代のように給与が右肩上がりで伸び続けることは残念ながらほとんど期待できません。ここ二〇年の日本世帯の平均所得は明らかに下降線を辿っているのです。ということは、現時点で衣食住に余裕がある場合でも、少し背伸び（無理）をすれば、給与が下がった途端に生活が苦しくなってしまいます。生命保険料は固定費です。このことを忘れてはいけません。

第1章で述べましたが、毎月払う生命保険料の合計は、手取り収入額の三～五％程度に留めておくことが肝要です。毎月の手取りが二〇万円なら、生命保険料の合計はせいぜい六〇〇〇円ないし一万円を上限と考えるべきでしょう。

「財産三分法」を知ろう

家計をチェックするついでに、お金を増やそうとする場合に押さえておくべきいくつかのポイントについても触れておきましょう。

最初は「財産三分法」です。これはきわめて簡単なルールで、まず、今日必要なお金はサイフに入れておく(一分)。次に、生活には必要だが今日明日にはなくても困らないお金はいつでも現金に換金できる預貯金にしておく(二分)。最後に、なくなっても(ゼロになっても)困らないお金は投資に振り向ける(三分)、というものです。

毎月の手取りが二〇万円の人が、たとえば一万円ぐらいはなくなっても構わない、自分の生活には何の支障もないと判断したとします。

その場合、この一万円を投資に回すことができます。投資の意味は、ここでは簡単に「元本の保証はないが、将来値上がり(もちろん同じ程度の確率で値下がりも)が期待できる金融商品の購入」と、仮に定義しておきましょう。平たくいえば、将来の資産形成のため投資信託や株式などを購入するということです。

毎月一万円ずつ、ある会社(A社)の株式を購入すると仮定します。今、A社の株単価が一〇〇〇円とすると一〇株買えます。翌月、A社の株単価が五〇〇円に下がると二〇株買えます。そうすると、二万円払って三〇株を手に入れたわけですから、一株当たりの取得コストは約六六七円になります。つまり、株価が下がればその分たくさん買えるので、この方法を続けると株式の取得コストを平準化することができます(投資信託を購入する場合も同じです)。
これは、個人が行う伝統的な投資手法で一般に「ドル・コスト平均法」と呼ばれています。この方法でコツコツ長期投資を継続すると、元本割れのリスクはかなり小さくなることが、経験的に知られています。筆者は個人がお金を増やすには、長期にドル・コスト平均法で投資を継続することが一番妙味があると考えています。余裕があれば、加えて分散投資(たとえば日本株を中心とした投資信託と外国の有価証券を中心とした投資信託に分けるなど)を考えるべきでしょう。

話を元に戻しますが、預貯金の本質的な価値は、元本そのものをいつでも現金に交換できることにあります。これを一般に「流動性」と呼んでいます。預貯金は流動性が命です。最近は「預貯金の金利がほぼゼロなので、金利の高いブラジルの債券を買いませんか」などといった勧誘がよく行われているようです。しかし、預貯金は金利ではなく、流動性にこそ根源的な価値があることを忘れてはいけません。ブラジル債などはあくまでも投資の枠内で考慮すべき金融商品です。

預貯金はどの程度あれば必要十分といえるのでしょうか。家計分析の専門家であるファイナンシャル・プランナーの皆さんの中では、手取り収入の半年分から一年ぐらいはあってもいいという意見や、当面二〇〇万〜三〇〇万円ぐらいあれば何とかなるのでは、といった意見が多いようです。

七二のルール

次に、お金の運用については、一五世紀のイタリアで生まれた七二のルールを覚えておくととても便利です。

このルールは「七二÷金利(年利)＝元本が倍になる年数」という簡単な式で表わすことができます。この式によって、金利の複利効果、つまり、利息が利息を生んで、まるで雪道を転がっていく雪玉＝スノーボールのように資産が膨らんでいく効果がよく理解できます。

一九八〇年代には、長期金利は八％が下限といわれたりしていました。ということは、七二÷八＝九ですから、九年で一〇〇万円が二〇〇万円になったのです。

ところが、昨今は一転してゼロ金利の時代。二〇一四年の長期金利はなんと〇・三％近くまで低下しています。すると七二÷〇・三＝二四〇年ですから、一〇〇万円を二〇〇万円に増やすためには、人間の寿命をはるかに超え、二四〇年もかかってしまうことになります。要するに、ゼロ金利の時代にはスノーボールは膨らまないのです。

世界の金融市場は、このことをよく知っています。どこの国でも中央銀行が金利を上げると株価は下落します。これは、市場の参加者が「スノーボール(債券などの金利商品)がそろそろ転がり始めるかな」と考えるからです。反対に中央銀行が金利を下げると、株価は上昇します。これは「もうスノーボールは転がらない、多少値動き(上下変動)のリスクはあっても投資信託や株式の方が妙味が大きそうだな」などと考えるからです。

生命保険も貯蓄商品をもっていますが、生命保険は代表的な固定金利商品です。ゼロ金利の下で生命保険で貯蓄を考えることはあまり意味がないというのが、グローバルな視点に立ってみた場合の多数意見ではないでしょうか。少なくとも筆者が知る限りにおいては、「長期金利がせめて三〜四%はないと魅力的な貯蓄商品はつくれない」というのが、世界の生命保険会社の共通した意見であるように思います。

解約控除のチェックを忘れずに

この問題を別の観点から考えてみましょう。

住宅ローンには固定金利型と変動金利型の二つの商品があります。住宅ローンの解説書には通常、次のように書かれています。「金利が底のときに固定金利型を、それ以外のときは、変動金利型を」あるいは「金利が上がると思えば固定金利型を、下がるもしくは分からないと思えば変動金利型を」。まったくそのとおりです。ところで住宅ローンを借りる(金融機関のバランスシートでは運用)のと貯蓄商品を買う(金融機関のバランスシートでは調達)のは、ちょうど正反対の経済行為です。低金利で住宅ローンをｆｉｘ(固定)するのが得なら、低金利で貯蓄商品をｆｉｘする、つまり買うのは損だということになります。以上が、現下の金利局面では筆者が生命保険の貯蓄商品をあまりおすすめしない理由です。

もちろん、今でも生命保険による貯蓄を奨励する人はたくさんいます。その根拠の基本は「たとえば二〇年三〇年という長期間でみたら、利回りが預貯金より高いので得だ」というものです。ところが、生命保険には解約控除(一七八頁)という制度(ペナルティ)があり、短期間(一〇年以内など)で解約(＝流動化)すれば元本割れになるケースが実はほとんどです。つまり、生命保険による貯蓄は預貯金の本質である流動性を満たしていないのです。預貯金と貯蓄タイプの保険(終身死亡保険、こども保険、個人年金保険など)を比べることは、預貯金とブラジル債を対比させることと同様で、あまり意味があるとは思えないのです。

生命保険による貯蓄は、財産三分法に当てはめて考えるとするならば、預貯金(二分)ではなく、投資(三分)の範疇で考えるべきものだと思います。そして生命保険で貯蓄を考える場合には、解約した時にいくら戻ってくるかという流動性のチェックを必ず行うことをおすすめします。

2　契約の乗り換えをどう考えるか

安くなれば乗り換えるべき

生命保険は一度買ってしまうと、毎月の支払いは銀行口座引落しやクレジットカード決済になりますので、普段あまり思い出す機会のない商品です。誤解を恐れずにいえば、そもそものような内容の生命保険を買ったのかさえ、よく覚えていない人が大半ではないでしょうか。

そのような人が何かのきっかけで、新しい生命保険への乗り換え(切り替え)をすすめられたと仮定します。どのように対処すればいいのでしょうか。

結論から先にいってしまえば、この問題への対処はきわめて簡単で、保障がほぼ同様のレベルなら前月までの銀行引落し(支払い)の金額に比べて少しでも安くなるのであれば、乗り換えた方が得。これが正解です。「なぁ～んだ、当たり前の事じゃないか」と思われるかもしれません。

たとえば、死亡時に三〇〇〇万円もらえる定期死亡保険を買って、毎月の支払は一万円だった。新しい保険に乗り換えたら同じ三〇〇〇万円の保障で毎月の支払いが八〇〇〇円で済む。これは乗り換えた方が良さそうだ、では乗り換えの手続きをとろう、となるのがごく当たり前の発想です。

ところが実際は、生命保険の乗り換えのハードルはかなり高いといわれています。それはなぜでしょうか。

第一に、特約がたくさんついていて生命保険商品が複雑な構成になっており、現在入っている商品と新しく検討したい商品との単純比較が難しいという点が挙げられます。

筆者は誰かに相談されたときは、①死亡保険なら、死んだときいくらもらえるか、いつまで保障されるか、②医療保険なら、入院一日当たりいくら、また通算何日までもらえるのか、手術なら一回あたりいくらもらえるのか、③がん保険なら、医療保険のチェックポイントに加えて、がん診断時にいくらもらえるのか、また通算何回もらえるのか、など、大きい骨組みの部分を書き出して比較すれば、案外簡単ですよ、などとアドバイスするようにしていますが、どうやら比較が面倒で乗り換えの検討そのものを途中でやめてしまうケースが多いようです。

第二に、とりわけ貯蓄商品とセットになっている場合がその典型といえますが、「あと数年我慢すれば、たとえば一〇〇万円が戻ってくるのに、いま乗り換えてしまったら損をする」など考えてしまうことです。もっと簡単にいえば、「これまで支払ってきた分がムダになってしまう」という思考パターンに陥ってしまうのです。

これは、経済学ではサンクコスト（埋没費用）の問題としてよく知られています。二時間の映画で、二〇〇〇円のチケットを買って映画館に入った。三〇分経ってどうやらつまらない映画であることが分かった。このまま見続けるか、それとも映画館を出るべきか。このケースでは二〇〇〇円がサンクコストになります。つまりどちらの手段を選択したところで、決してこの二〇〇〇円は戻っては来ないのです。それならば映画館を潔く出て、残りの一時間半を何か別の有意義なことに費やした方がはるかに得なはずですが、多くの人は「せっかく二〇〇〇円を払ったのだから元を取らなくては損をする」と、つまらない映画を二時間鑑賞してしまうのです。そうすると、一時間半が浪費されてしまいます。

話を生命保険に戻しましょう。過去に支払った保険料はサンクコストであって、もう二度と戻ってはきません。数年我慢すればもらえるお金は、精算されて解約返戻金としてきちんと手元に戻ってきます。ですから、原則として契約を解約しても損をすることはないのです（ただ例外があるのでそれは次項で説明します）。

サンクコストの錯覚、あるいは呪縛から思い切って自由になってください。生命保険の乗り換えについてはシンプルに「来月以降、家計が少しでも楽になるか否か」だけで原則、判断していいのではないかと筆者は思うのです。

二つの注意点

ただ、生命保険の乗り換えについては、注意すべき事柄が二つあります。

第一はタイミング。すべての生命保険は、契約時点での申込者の健康状態を審査した上で引き受けるか引き受けないかを判断する仕組みになっています。

もし、現在手持ちの契約を先に解約してしまった場合、何らかの理由で新契約が買えなかったら無保険状態になってしまいます。したがって、新契約の申込手続きがすべて完了したことを確認した上で、既契約を解約することをおすすめします。

第二に、いわゆる「お宝保険」の可能性をチェックしてください。アラフォー以上の方が主な対象となりますが、貯蓄型の生命保険で一九九六年三月以前に契約したものは予定利率（一六八頁）が、三・七五％以上あります。こうした古い契約は、一般論ですが、利回り面で有利なのでそのまま継続することをおすすめします。

予定利率は二〇〇一年四月には一・五％まで引き下げられていますので、それ以降の契約であれば、「来月から安くなるか否か」の原則に沿って判断してなんら問題はないと思います。

3 「ご契約のしおり」をチェックしよう

付合契約とは

生命保険を買うということは、皆さんが生命保険会社と契約を結ぶということです。その契約内容は、「生命保険約款」に書かれています。

電気やガスなどの供給契約が典型ですが、本来的に大多数を相手にする契約では、いちいち両当事者が契約内容について個別に協議をしていたら社会的に見て大きなムダが生じます。そこで「付合契約」、すなわち、一方の当事者があらかじめ定めた約款＝契約内容にただ機械的に応じることによってのみ締結される契約形態が認められているのです。生命保険契約や預金契約も典型的な付合契約です。

このように説明したら皆さんは、「生命保険会社が契約内容を一方的に決めるのだったら、消費者に不利な内容になるのではないか」と思われるかもしれません。そこに銀行業や保険業が免許事業とされている一つの意味があります（全世界にわたって、銀行業や保険業は免許事業です）。つまり、監督官庁である金融庁が消費者に代わって個々の保険商品ごとに約款の内容や値段をチェックして個別認可を与えているのです。つまり、生命保険会社が販売している個々の商品は、すべて一件一件金融庁の認可を受けているのです。

「ご契約のしおり」を読もう

正論をいえば、生命保険を買う前に約款を読むべきだという話になるのですが、電気やガスの契約書を読む人がほとんどいないように、生命保険約款を事前に読む人はまずいないのではないでしょうか。

そこで金融庁は、約款の重要事項などをまとめた「ご契約のしおり」（重要事項説明書）を事前にお客さまに渡して説明するように生命保険会社を指導しています。ですから皆さんも生命保険を買う前には「ご契約のしおり」を最低限一読して、分からないところがあれば、セールスやコンタクトセンター（コールセンター）に自分が納得できるまで問い合わせるクセをつけることが大切です。古今東西を通じての大原則ですが、どのような商品を購入する場合であっても、「賢い消費者のみが自分の身を守ることができる」のです。

生命保険の本質は、万が一のことが起こったとき、まちがいなくお金（保険金や給付金）が支払われることにあります。つまり、どのようなときに保険金や給付金がもらえるのか、ということが、「ご契約のしおり」を読むときの何よりも大切なチェックポイントになります。

死亡保険は死亡時、就業不能保険は働けなくなったとき、医療保険は病気で入院したときなど一見明瞭なようですが、実はそれぞれの生命保険について、例外事項がいくつもあるのです。したがって、チェックポイントの眼目は、「保険金や給付金が支払われない場合の一覧を自分で確認する」ことにあります。少くともこの一点だけは、生命保険を買う前に、セールスやコンタクトセンターに問い合わせて自分で確認しておくことを強くおすすめしたいと思います。

4　税制メリットをどう考えるか

税金はどの程度安くなるか

生命保険のセールスは「生命保険に加入すると税金が安くなりますよ」というトークをよく使います。確かにそのとおりで、現在、生命保険については一定の所得控除(所得税で最大四万円、住民税で二万八〇〇〇円)が認められています。問題はどれくらい税金が安くなるか、とい

表 4-1　モデル家庭の税制メリット

（モデルの設定例）
家族構成：本人，配偶者，子ども 2 人(小学生)
居住場所：東京都世田谷区
社会保険料：500,000 円
生命保険料：80,000 円(2012 年 1 月 1 日以降に加入)

所得税

		生命保険加入なし	生命保険加入あり
所得金額	給与収入	5,000,000	5,000,000
	給与所得控除額	1,540,000	1,540,000
	給与所得額	3,460,000	3,460,000
所得控除	社会保険料控除	500,000	500,000
	生命保険料控除	0	40,000
	配偶者控除	380,000	380,000
	基礎控除	380,000	380,000
	控除額計	1,260,000	1,300,000
	課税所得金額	2,200,000	2,160,000
所 得 税	所得税額	122,500	118,500
	復興特別所得税額	2,572	2,488
	納める税額(100 円未満切り捨て)	125,000	120,900

住民税

		生命保険加入なし	生命保険加入あり
所得金額	給与収入	5,000,000	5,000,000
	給与所得控除額	1,540,000	1,540,000
	給与所得額	3,460,000	3,460,000
所得控除	社会保険料控除	500,000	500,000
	生命保険料控除	0	28,000
	配偶者控除	330,000	330,000
	基礎控除	330,000	330,000
	控除額計	1,160,000	1,188,000
	課税所得金額	2,300,000	2,272,000

住民税	所得割額	230,000	227,200
	調整控除	−7500	−7500
	均等割額	5,000	5,000
	納める税額	227,500	224,700

うことです。

そこで、実際に所得税や住民税がどの程度安くなるのか、世帯年収五〇〇万円の家族をモデルに計算してみました(表4-1)。

生命保険に加入することで、所得税を四一〇〇円(一二万五〇〇〇円から一二万九〇〇〇円)、住民税を二八〇〇円(二二万七五〇〇円から二二万四七〇〇円)、合計六九〇〇円分の税金を節約することができました。生命保険料控除は生命保険料、介護医療保険料、個人年金保険料それぞれに認められていますので、うまく生命保険を活用することによって税金を抑えることができます。

つまり、生命保険料、介護医療保険料、個人年金保険料をそれぞれ八万円、合計二四万円以上支払った場合には、最大で六九〇〇円×三＝二万七〇〇〇円税金が安くなるという計算になります。見方によっては「何だ、その程度なのか」と思われるかもしれませんが。

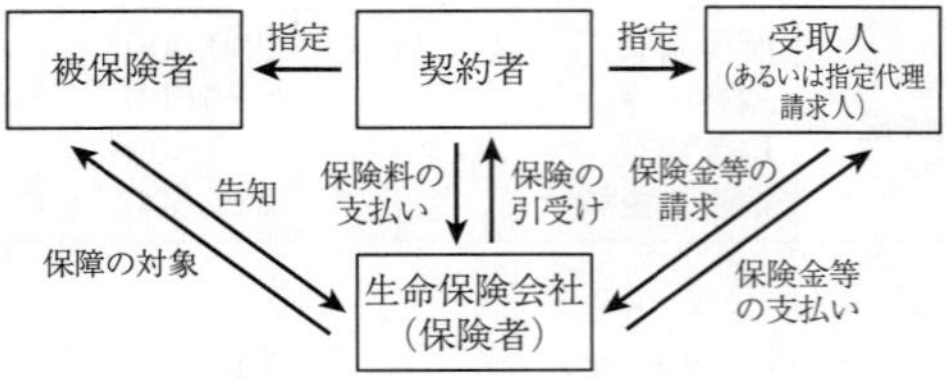

図 4–1　契約の構成者

5　受取人は誰か

生命保険契約の構成者

最後に、保険金や給付金の受取人に焦点を当てて考えてみましょう。生命保険を買うということは、生命保険契約を結ぶということですが、生命保険契約を結ぶのは「生命保険会社」(保険者)と「契約者」です。しかし、この他に生命保険契約には「被保険者」と「受取人」が必要です。

図4-1をみてください。被保険者は、保険の対象となる人のことで、ほとんどの場合は契約者本人です。たまに、夫や妻(契約者)がパートナー(被保険者)に保険をかけるような場合があります。そして、その被保険者の生死などにより、受取人に保険金や給付金が支払われます。受取人も実は契約者本人である場合が多いのですが、もう少し詳しく検討してみましょう。

受取人が契約者本人の場合

就業不能保険や医療保険、個人年金保険などは、原則として自分のために買う生命保険商品なので、被保険者も受取人も契約者本人である場合がほとんどです。ただし、この場合でもまったく問題がないわけではありません。

契約者、被保険者、受取人がすべて同一人と仮定して、医療保険を買った場合を考えてみましょう。自分自身が入院中であったり、特定の障害状態になったりして、保険金や給付金を自分で請求できない場合、典型的には認知症になった場合を想像してみましょう。肝心なときに、保険金や給付金の請求ができなくなることが容易に想像できます。成年後見制度や民事信託といった財産管理手段で対応することも考えられますが、その手続きを行うためには時間や手間、専門知識、費用などが必要となるため、ややとっつきにくさがあります。

そこで生命保険では、契約者があらかじめ指定した代理人(「指定代理請求人」といいます)が、保険金などを請求できる「指定代理請求制度」を設けています。保険金等の請求漏れを多数引き起こした保険金不払問題を契機として、二〇〇六年以降、指定代理請求制度がさまざまな生命保険商品に導入されました。

今では、生命保険購入時に指定代理請求人を指定することが当たり前になってきています。

二〇〇六年以前に生命保険を購入した人や、指定代理請求人を誰に指定したか身に覚えがない人は、この機会に生命保険会社に問い合わせたり保険証券で指定代理請求人を確認してはどうでしょうか。

もちろん、指定代理請求人である近親者に、自分が買った生命保険についてきちんと話をしておくことが一番大切です。

受取人が配偶者など近親者の場合

定期死亡保険や終身死亡保険など死亡保障を主とした生命保険商品の場合、受取人は配偶者など近親者になる場合が通常です。この場合は受取人によって税額が相当異なります。

具体的にどう異なるのか、死亡保険金にかかる税金をモデル計算してみましょう。夫(サラリーマン)、妻(専業主婦)、子どもの三人家族で、払込保険料総額一〇万円、死亡保険金一〇〇〇万円を受け取るケースです(表4-2)。

まず、相続税は基礎控除(三〇〇〇万円＋六〇〇万円×法定相続人の数＝四二〇〇万円)や保険金の非課税金額(モデルでは、五〇〇万円×二人)などがありますので、納める税金はありません。よく相続が大変だなどと相続対策を主眼としたセールスが行われていますが、先に述べた基礎

表 4-2　生命保険の受取人と税額

	契約者（保険料負担者）	被保険者	受取人（死亡保険金1000万円）	税金の種類	納める税金
ケース 1	夫	夫	妻	相続税	0円
2	夫	妻	夫	所得税，住民税	141万円
3	夫	妻	子	贈与税	227万円

控除に加え配偶者の税額軽減措置（一億六〇〇〇万円が上限）があるので、平均的な市民であれば、まず心配は不要だと思います（ケース1）。

次に、所得税ですが、保険金は一時所得に分類されますので、収入の半分に課税されます。したがって、課税所得は（死亡保険金一〇〇〇万円－保険料一〇万円－特別控除額五〇万円）÷二＝四七〇万円となり、所得税率を二〇％とすると所得税は九四万円になります（復興特別所得税は省略します）。住民税は所得の一〇％と簡易計算すると、四七万円になります。納める税金は所得税と住民税を合わせて、一四一万円です（ケース2）。

最後に、贈与税をみると、（死亡保険金一〇〇〇万円－保険料一〇万円－基礎控除額一一〇万円）×四〇％－一二五万円＝二二七万円となります（ケース3）。

契約者、被保険者、受取人の組み合わせによって死亡保険では税額が大きく変わることがイメージしてもらえたと思います。

ここで注意したいのは、受取人に「あなたは私（被保険者）に万が一のことがあったときの死亡保険金の受取人ですよ」と伝えておく必要があることです。契約当事者である契約者の手元には生命保険会社から保険証券が届きますが、受取人にはそれを知るすべはありません。

守るべき家族に保険金が届けられなければ元も子もありません。毎年、生命保険会社から保険契約のお知らせが届くと思いますので、それをきっかけに受取人や指定代理請求人に、自分が買った生命保険のことをきちんと説明する習慣をつけるようにしましょう。

コラム① 生命保険の歴史

船は一艘、家は一軒、命は一つ

生命保険は、相互扶助の仕組みの一つなので、日本の江戸時代の頼母子《たのもし》講や無尽《むじん》講など類似の制度は世界中いたるところにあります。しかし、ネアンデルタール人が私たちの直接の祖先ではないように、近代的な生命保険の直接の祖先は、中世イタリアの四つの海の共和国(アマルフィ、ピサ、ジェノヴァ、ヴェネツィア)の時代に見出すことができます。

当時、四つの海の共和国は豊かな東方との海上交易で栄えていました。一艘の船を出せば何倍にもなって戻ってくるのです。裕福な商人たちは、たくさんの船を仕立てて航海に出します。一艘や二艘の船が事故にあって沈没しても、一艘が戻ってくれば十分元が取れるので、何の心配もいりませんでした。

しかし、野心に燃えた若者たちがなけなしのお金を出し合ってやっと出航させた大事な一艘の船が沈没の憂き目にあってしまったら、彼らは全員が借財を抱えて一生苦しむことになってしまいます。そのような時代背景のもとで、海上保険が誕生しました。

やがて、コロン(コロンブス)によるアメリカ大陸への到達を機に、交易の中心が地中海から大西洋に移り、交易の中心都市もアムステルダムを経て、ヴェネツィアからロンドンに移ります。海上保険もこの交易拠点の移動に伴い、ロンドンがその中心地となりました。

そのロンドンを一六六六年、大火が襲います。裕福な貴族は田舎のカントリーハウスに避難すればいいだけですが、たった一軒の家屋を市内にもっていただけのふつうの市民は、橋の下で雨露をしのぐしかなすすべがありませんでした。そこで、海上保険をヒントに火災保険が生まれたのです。

ここまでくれば、生命保険の誕生まであと一歩。一七〇六年にアミカブル・ソサエティという生命保険会社が生まれています。かけがえのない一艘の船、一軒の家、一つの命への執着が、近代的な生命保険事業を準備したのです。ちなみに、ロンドンにおいて市民の死亡表(生命表)が公表されたのは、大火に先立つこと五年、一六六一年のことでした。

以上の歴史から分かるように、保険という仕組みは、もともとがお金持ちのための制度ではなく、懸命に働くふつうの市民のための制度として成立したのです。

オールド・エクイタブルの開業

今から約二五〇年前のことです。一七六二年に、ロンドンで「平準保険料」(詳しくは一七三頁で説明します)を初めて採用した近代的な生命保険会社、オールド・エクイタブル生命保険相互会社が設立されました。これが、現代の生命保険の始まりとみなされています。生命保険株式会社の設立は同じくロンドンで一七九二年のことでした(相互会社と株式会社の違いについては第7章で説明します)。

さて、日本の状況をみると、江戸時代末期、林則徐の遺志を受けた『海国図誌』が一八五四年に和訳され、その中で「命担保」という言葉で生命保険が初めて紹介されました。続いて一八六七年、福沢諭吉が『西洋旅案内』を出版し、「人の生涯請負」という言葉で生命保険について書いています。時代は明治になり、福沢門下生が大英帝国の死亡表を借用して、明治生命保険株式会社を創業したのは一八八一年のことでした。日本銀行の開業は一八八二年のことですから、それよりも早かったのです。

一八八九年には日本人の死亡表が公表され、一九〇〇年には保険業法が公布・施行されて、農商務省(のちの商工省)商工局に保険課が新設、監督行政が始まっています。一九三九年に保険業法が全面改正され(戦争遂行のため金融機関を一元管理することが目的。いわゆる一九四〇年体制の成立)、一九四一年に監督官庁が商工省から大蔵省に移りました。

世界一の生命保険大国へ

第二次世界大戦における日本の敗戦は、日本の生命保険業界を存亡のふちに立たせることになりました。在外資産の喪失やインフレによる信用の失墜(→保険金は実質的に減価して二束三文の価値に→極度の販売不振)などにより、生命保険会社は新旧勘定を分離して、第二会社を発足させて、ゼロから再出発せざるをえませんでした。

戦前は第一生命を除いてほとんどの生命保険会社が株式会社であったのに、このとき、ほとんどの会社が逆に相互会社に鞍替えしました。販売の主力は、これまでの代理店から女性セールスとなりました。生命保険業界が戦前のレベル(保有契約高の対GDP比)を凌駕したのは東京オリンピックの翌年一九六五年のことでしたから、戦後の復興には約二〇年を要したことになります。

その後、日本は高度成長の波に乗り、それに伴って生命保険業界も躍進を遂げ、一九八〇年代には外貨投資を積極的に行い、「ザ・セイホ」と呼ばれるようになりました。

一九八九年の世界の保険料ランキングでは、首位・日本生命、第二位に第一生命、第四位に住友生命、第七位に明治生命が入っていますから（トップ10の内一国で四社を占める）、アメリカと並ぶ世界一の生命保険大国になったことが読み取れます。一九九五年になると保険業法が全面改正され、統制法から自由化法へと変貌を遂げました。

しかし、バブル崩壊後、生命保険会社の破綻が相次ぎ、二〇〇五年に発覚した保険金不払問題では大手一〇社が金融庁から業務改善命令を受けるという未曽有の事態も生じました。

国際化の遅れにより、日本の生命保険会社の国際的地位も大きく低下しました。二〇一三年の世界の保険料ランキング（トップ10）ではかんぽ生命が三位に入っているのみです。最近になって、大手生命保険会社各社が国際的なM＆Aに積極的に取り組んでおり、国際化の遅れを取り戻そうという動きが顕著になってきています。

第5章　生命保険をどう買うか

1　一人で生活している場合

最初に就業不能保険を考える

現在の日本では、人々の暮らし方が随分多様化しています。

二〇一〇年の国勢調査によると、一般世帯数を家族類型別に分類した場合、単独世帯（一人暮らし世帯）が全体の三二・四％を占め、カップルと子どもから成る世帯の二七・九％を初めて上回りました。続いてカップルのみの世帯が一九・八％、シングルペアレントの世帯が八・七％となっています。この章ではそれぞれの暮らし方に応じた生命保険の上手な買い方について考えてみたいと思います。

最初に、もっとも数が多い一人暮らし世帯を取り上げてみましょう。一人で生活している場合、極論すると、不慮の事故などで仮に本人が突然死亡したとしても、それで直ちに金銭的に困る人はほとんどいないのではないでしょうか。すなわち、一人暮らしの人には、原則として死亡保険は必要がないのです。「せめてお葬式代ぐらいは」というセールストークがありますが、死亡者の残した預貯金は平均でみても相当のレベルに達しており、大体は預貯金内で収まるという意見もあります。

次に一人暮らしの人にとって最大のリスクは何か、ということを考えてみましょう。それは難病や事故などにあって、長期にわたって働けなくなることです。主治医から「働いたら体を壊すから、しばらく働くのを止めて養生しないとダメだよ」といわれた場合が、実は一人暮らしの人の最大のリスクであって、本人も一番辛いのです。

したがって、一人暮らしの人は「就業不能保険」を真っ先に検討する必要があると思います。就業不能保険は、体が完治して再び働けるようになるまで毎月一定の金額が支払われる保険です。加入を考えるに当たっては、毎月いくらあれば療養中の衣食住が賄えるか(それが一〇万円なのか二〇万円なのか)をよく考えることが基本です。

また、体がいつまでに完治するかはよく分からないことが多いので、長期の就業不能保険が必要です。加えて、勤めている職場の休職規定や、第2章で述べた政府のセーフティネットの内容も頭に入れておくとよいでしょう。

なお、現在日本で発売されている長期の就業不能保険では、原則としてうつ病などの精神疾患は保障されません。これはなぜかというと、モラル・ハザードを排除することが難しいからです。仮に、ある人がうつ病を装って働かないで一〇年、二〇年、毎月二〇万円をもらって生活しようと企んだとします。そのとき医師がそれを仮病だと見抜けるかというと、現在の医学の水準ではかなり難しいからです。

医療保険をどうするか

さて、一人暮らしの人は長期の就業不能保険を買えば、これで十分だといえるでしょうか。医療保険はどうするべきでしょう。

「医療保険は入る必要がない」。こう主張しているファイナンシャル・プランナーの方がいます。この考え方の主な根拠は、第1章でお話ししたレバレッジの低さにあります。医療保険の基本的な仕組みは入院一日当たりいくら給付金を支払うというものです。

ある人が一カ月の入院をしたと仮定します。入院給付金日額一万円の医療保険を買っていれば、三〇万円の給付金を受け取ることができます。この保障に対して、月額保険料三〇〇〇円を病気になるまで三年間支払ってきたとすれば、支払ってきた保険料の合計額は一〇万八〇〇〇円(三〇〇〇円×三六カ月)となります。この人にとっての医療保険のレバレッジは三倍弱にしかなりませんし、もし入院期間が一週間だと七万円しかもらえないということになります。第2章で説明した日本の優れた高額療養費制度等を考え合わせると、預貯金が二、三〇〇万円あれば、あえて医療保険に入る必要はないという結論を導き出すことができます。

しかしながら実際のところ、医療保険はとてもよく売れているのです。それはなぜでしょうか。

一つには、まずまとまった預貯金を貯めるのがなかなか難しいという現実があります。相応の預貯金がないのだから、やはり医療保険に頼るしかないと考えるのもまた十分うなずけるところです。

加えて、がん保険がその典型ですが、レバレッジが効いた医療保険も実はたくさんあるのです。一般的ながん保険では、がんの診断を受けた時点で一〇〇万円程度のがん診断給付金が支給されます。一回の給付で一〇〇万円を超えれば、さすがにレバレッジが働きます。

ある女性の医師の体験談を伺ったことがあります。若いときにがんと診断されたそうですが、幸いにも早期発見だったため今では完治され、第一線でバリバリ働いておられるのですが、その方がいわれるには、「治療のプロセスで頭髪が抜けてしまった。職場復帰して病院で患者さんと接するときには働いてもビクともしないウィッグが必要だった。ところがこのウィッグひとつで、軽く五〇万円を超えてしまう。がん保険を買っておいて本当によかった」と。医療保険を買う、買わないは、その人の人生観によるところが大きいようにも思います。筆者は自分でも医療保険を買っています。

次に、自分には医療保険が必要だと思った時のチェックポイントについてです。入院給付金は差額ベッド代のように、公的医療保険ではカバーされない支出に充当するものです。日本の差額ベッド代の平均は約六〇〇〇円ですから、入院日額は五〇〇〇円から一万円の間に設定しておけば、通常の入院に備えるには十分でしょう。手術給付金は入院日額の一〇〜四〇倍程度と入院給付金と連動している商品がほとんどです。ですから、手術給付金の必要目安額については特に考慮しなくてもいいでしょう。

一回当たりの入院給付金の支払い限度日数についてですが、日本の平均在院日数は明らかに短縮化の傾向にあるので(厚生労働省によると、一九九六年度四三・七日→二〇一一年度三二・八日。なお、他の先進国はもっと短い)、一入院あたり短期型の六〇日限度(この他に一八〇日限度の長期型などもあります)で、十分だと思われます。なお、保険期間に関しては終身タイプを望む人が多いのですが、病気になるのは年を取ってからだと誰しもが想定するので、当然の傾向だと思います。

保険料の支払期間をどうするか

ところで、終身医療保険を選んだ場合、一つの問題となるのが、保険料の支払期間をどうするかという点です。

保険料を終身払い続けるタイプと、定年制という日本独特の労働慣行に合わせて六〇歳もしくは六五歳で終身の保険料をすべて払い終えてしまうタイプとがあり、どちらかを選択しなくてはなりません。一見すると、先行して支払いを終えてしまう後者の方が合理的なようにみえるかもしれませんが、保険のプロとして結論を述べれば、この二つの方法に実は損得はありません。

後者は、終身払込タイプと比較すると、平均余命を計算して保険料総額を六〇歳（あるいは六五歳）までに払い終えるように月々割り増しているだけです。ライフネット生命の六〇歳支払完了タイプの医療保険（男性のケース）では、三〇歳での購入なら約七九歳を基準にして保険料を計算していますので、七九歳以前に死亡すれば前払い分だけ損、七九歳より長生きすれば少し得になるというだけのことに過ぎません。

筆者は相談を受ければ、以下の理由から終身タイプをおすすめしています。

- 月々の保険料が安くなる（生活費がかかるのは若いとき）。

- 定年後も保険料を払い続けることは、光熱費などの公共料金と同じだと考えればむしろ自然。毎月払い続けることで、その保険が本当に必要な保障かどうかが意識できるので保険料の見直しの契機にもなる。
- 定年時までに保険料の払い込みを終了してしまえば、生命保険会社からの連絡（生命保険料控除証明書など）も少なくなってしまうので保険契約の存在を忘れがちになる。
- 世の中は定年制廃止、高齢者も働く方向に向かっている。

最後になりますが、就業不能保険と医療保険の合計保険料が手取り収入の三〜五％の枠内に収まっているのであれば、がんや女性特有の病気を手厚くカバーする保険など、なるべくレバレッジの高い医療保険を検討することをおすすめしたいと思います。

2　カップルが二人で生活している場合

二人とも働いている場合

二人がともに働いている場合は、実は、一人暮らしのときと同じ考え方でいいと思います。

日本では、一人暮らしのときは生命保険を買わず、二人で暮らし始めるときに初めて生命保険のことを考えたという人が多いようです。それでもいいと思いますが、二人で暮らすということは厳しくいえば、互いに自分の事は自分で責任をもつということでもあります。

たとえば、一人が働けなくなれば、相方はケアのため仕事ができなくなる可能性もあるのです。そうなった場合、ダブルインカムが一瞬にして無収入になってしまいます。

何が起こってもできるだけ相手に迷惑をかけないように、二人のそれぞれが就業不能保険（この場合は、生活費よりも主として介護費用を担保することになります）と医療保険をベースに生命保険を考えることをおすすめします。

パートナーが専業主婦（主夫）の場合

このケースは、まず第一に死亡保険が必要になります。なぜなら、パートナーには収入がなく、その生活費は働いているパートナーの稼ぎに頼っているからです。ロス・ファイナンシングの典型的な事例となりますが、稼いでいる方のパートナーが死去すればたちまち生活費に困るのが目にみえているので、死亡保険が必要となるのです。

戦後の日本社会は「男性が外で働き女性は家を守る」という性的分業を、いわば当然の前提として社会制度を設計してきました。専業主婦を優遇する「配偶者控除」や厚生年金の「第3号被保険者」制度がその代表例です。こうした社会では、一家の働き手が死亡したときは残されたパートナーの生活を一生保障するのが死亡保険の役割であるという刷り込みが容易に行われます。

詳しくは次節で述べますが、「今後の必要生活費累計額から今後の収入累計額を差し引いた金額」が必要保障金額とされ、ふつうの世帯でも計算によっては五〇〇〇万から一億円近い必要保障金額がモデル計算され販売されてきました。日本の世帯が平均して毎年四一万六〇〇〇円(二〇一二年生命保険文化センター調べ)もの生命保険料を支払っている所以《ゆえん》です。

片方が専業主婦(主夫)である場合は、二人でよく話し合って死亡保険の必要保障金額を決めることが必要になります。現在はたまたま片方に生活費を頼って生活している状態にあるけれど、男女ともに働くことが当然である(自分のご飯は自分で稼ぐ)という人生観を二人で共有しているのであれば、必要保障金額は悲しみを癒して社会復帰をするまでの期間の生活費(つなぎ資金)があれば十分だという結論になります。

儒教のひそみにならって「三年喪に服す」のであれば年収(手取り金額)の二年から三年分ぐらいの金額を保障しておけばそれで事足りるでしょう。年収が五〇〇万円であれば、手取りを六割として六〇〇万～一〇〇〇万円ぐらいが適正な保障金額ということになります。

一方、働いている片方がもう片方の面倒を一生みるという価値観を二人で共有しているのであれば、このケースにぴったり合うのが収入保障保険です。これは「毎月一五万円を生活費として稼ぎ手からもらっているのなら、稼ぎ手が死亡した場合は、公的年金が開始されるまで稼ぎ手に代わって生命保険会社が毎月一五万円ずつお支払いしましょう」という商品です。

3　カップルに子どもが生まれた場合

二人とも働いている場合

二人とも働いているカップルに赤ちゃんが生まれました。生命保険を見直す良い機会です。一方の親が育児休暇中で、しばらくしたら職場復帰するという前提で考えてみましょう。

赤ちゃんが生まれたときに、ふつうの親が考えることは、「この子にはきちんとした教育を受けさせて立派に成人させよう」ということだと思います。この思いを実現させるためには教育費を貯めることと、万が一の場合の教育費を担保することの双方が必要です。というのも、日本の教育費は恐ろしく高いからです。表5-1をみてください。

表 5-1　日本の教育費用

高校までの教育費用

	幼稚園	小学校	中学校	高　校	総　額
すべて公立	66万円	183万円	135万円	116万円	500万円
すべて私立	146万円	854万円	389万円	289万円	1,678万円

(出所)文部科学省 2014 年 1 月 10 日発表資料より．子どもの学習費調査(2012 年度)を元に作成

大学の教育費用

	公立	私立(文)	私立(理)	私立大学平均
入学費用	83 万円	104 万円	110 万円	102 万円
在学費用(4 年間)	428 万円	588 万円	678 万円	567 万円
小　計	511 万円	692 万円	788 万円	669 万円
自宅外通学の場合の仕送り額	561 万円	561 万円	561 万円	561 万円
自宅外通学を始めるための費用	45 万円	45 万円	45 万円	45 万円
合　計	1,117 万円	1,298 万円	1,394 万円	1,275 万円

(出所)日本政策金融公庫「教育費負担の実態調査結果」(2014 年度)

すべて国公立で学業をなし終えたとしても、大学での約五〇〇万円(自宅の場合。下宿なら約一一〇〇万円)を始めとして合計で一〇〇〇万円以上のお金がかかります。これがすべて私立となると、教育費は軽くその二～三倍まで跳ね上がります。

筆者は「赤ちゃんが一人生まれるたびに一〇〇〇万円の死亡保険を買いましょう」と口癖のようにいっています、それは、この教育費を担保することが死亡保険の基本だと考えているからです。もし私立を考えているのであれば「赤ちゃん一人につき最低二〇〇〇万円から三〇〇〇万

円」になります。

誕生したばかりの子どもの大学までの教育費を担保することが主目的ですから、保障金額の一〇〇〇万円もしくは二〇〇〇万〜三〇〇〇万円については、保障期間二〇年の定期死亡保険を購入すればいいということになります。二人のうち、稼ぎの多い方を被保険者とするのが合理的です。あるいは、保障期間一〇年の定期死亡保険を購入して一〇年後に更新するという選択肢もあります。

保障期間二〇年の二〇〇〇万円の定期死亡保険を購入するケースと、とりあえず保障期間一〇年の定期死亡保険を購入して一〇年後に更新するケースの保険料比較を行ってみます（保険料はライフネット生命に準拠します。更新時の保険料は現在と変わらないものと仮定します）。

三〇歳の男性が保障期間二〇年、保障金額二〇〇〇万円の定期死亡保険を購入する場合、二〇年間に支払う保険料は三〇七二円×二四〇カ月＝七三万七二八〇円①となります。

一方で、この男性が保障期間一〇年、保障金額二〇〇〇万円の定期死亡保険を購入し、四〇歳で更新する場合、最初の一〇年間の保険料は二二一〇円×一二〇カ月＝二六万五二〇〇円、次の一〇年間の保険料は四四九八円×一二〇カ月＝五三万九七六〇円となり、合計で八〇万四九六〇円②となります。

ちなみに、四〇歳から保障金額を一五〇〇万円に減額した場合は、後半一〇年間の保険料は三四三六円×一二〇カ月＝四一万二三二〇円となり、合計六七万七五二〇円（③）となります。累計保険料だけをみれば二〇年定期死亡保険を購入する方が六万七六八〇円（②－①、毎年三三八四円）得ですが、一〇年定期死亡保険にも次のようなメリットがあります。どちらを選択するかは、皆さんそれぞれの考え方によると思います。

- ともすれば、生活の苦しい最初の（当面の）一〇年間の保険料を少なく抑えられる。
- 変化の激しい今日、一〇年後の世界は予測できない（新しい生命保険商品が登場しているかもしれないし、仕事や収入が変わっているかもしれない）。
- 一〇年経つと子どもの将来設計がより具体的にみえてくるかもしれない（プロスポーツ選手やシェフ志望で大学は不要になるかもしれない）。

筆者は変化の激しいこの時代性を考えれば、とりあえず当面の一〇年を固定しておいて様子をみるのも一案と考えるので、毎年三三八四円の差は惜しくないと考えて、一〇年更新タイプをおすすめしています。

なお、一〇年後の更新時点では当初一〇年間の教育費の支払いは終えているので、たとえば保障金額を一五〇〇万円に減らせば、逆に五万九七六〇円安くなります(③−①)。

預貯金＋投資信託

さて、いざというときの教育費の担保をすませたら、次はこの教育費をどうやって貯めるのか(運用するのか)という問題が生じてきます。

お金の貯め方については、すでに第4章で、財産三分法、ドル・コスト平均法、七二のルールなどについてお話ししてきました。また、第3章で説明したこども保険を購入するという選択肢もあります。

ただし、こども保険の場合は昨今のゼロ金利の下ではスノーボールがさほど転がらないし膨れないことも説明してきました。お金の運用方法について述べることは本書の目的ではないので、ここでは再度、次の表を示しておくに留めます(表5−2)。

筆者個人の意見を述べれば、まず二〇〇万〜三〇〇万円貯まるまでは預貯金に励むべきです。その上でのおすすめは、現下の金利状勢を勘案すると「預貯金と投資信託の組み合わせ」が一番いいでしょう。「格付投資情報センター」や「モーニングスター」など、第三者の評価機関の評価を参考に自分の好みに合った投資信託を選べばいいと思います。毎月一定額を拠出すれば、ドル・コスト平均法が働くので、元本割れのリスクはかなり小さくなります。個人は法人（投資顧問会社など）とは異なり、決算を気にする必要はありませんので、長期分散投資が可能です。逆にいえば、アマの個人がプロの法人投資家に勝つ方法は、たった一つで、それは決算を気にせず、じっくりと長期分散投資を行うことなのです。

なお、どうしても元本割れのリスクを取りたくないのであれば（そのかわり現下の金利情勢ではお金はあまり増えません）、「預貯金と国債もしくはこども保険との組み合わせ」がいいと思います。

他人に運用してもらう	
投資信託	こども保険
保証なし	満期までもてば安全
小〜大	中〜大
市場次第 ミドルリスク・ミドルリターン	預貯金よりは高い
あり（ただし元本割れの場合も）	早期解約すると元本割れ
資産の管理は不要．毎月拠出なら貯まりやすい	解約しにくいので（強制貯蓄）貯まりやすい

パートナーが専業主婦（主夫）の場合

このケースこそ、戦後の日本の生命保険業界が必要保障金額の標準モデルケースとして「理論武装」を重ねてきたところです。誕生した赤ちゃんの教育費（必要保障金額）につい

表5-2　お金の運用方法の比較

	自分で運用する		
	預貯金	国　債	株式・外債・REITなど
元　本	安　全 (1,000万円まで)	満期までもてば安全	保証なし
手数料	なし	小	小〜大
利回り	一番低い	預貯金よりは高い	市場次第 ハイリスク・ハイリターン
流動性	あ　り	あり(ただし元本割れの場合も)	あり(ただし元本割れの場合も)
備　考	おろしやすい(流動性が高い)ので貯まり難い	資産の管理が必要	資産の管理が必要

ては先に述べたのとまったく同じですが、まずは伝統的な生命保険業界の必要保障金額の考え方を紹介しておきます。

伝統的な考え方(理論)では、生命保険の必要保障金額を「今後死ぬまでの遺族の生活費累計額から今後の収入累計額を差し引いた金額」としてとらえています。

(A)今後死ぬまでの遺族の生活費累計額
①　子どもが独立するまでの世帯の日常生活費
②　子どもの教育費
③　子どもの結婚資金
④　子どもが独立した後のパートナーの日常生活費

（B）今後の収入累計額
⑤　遺族年金
⑥　死亡弔慰金や貯蓄
⑦　パートナーの就労所得

（A）－（B）が必要保障金額となります。
少し煩雑ですが、夫が企業に勤めている三〇歳同士のカップル（妻は専業主婦）、子どもは分かりやすく二歳の双子、妻は九〇歳まで生きると想定し、それぞれに具体的な数字を当てはめて試算してみましょう。

①　子どもが独立するまでの世帯の日常生活費
二九万四五四円（世帯の月額消費支出。総務省「家計調査」二〇一三年平均）×〇・七（遺族の消費支出を七割とする）×二四〇カ月（子どもが大学を卒業するまでの二〇年間）＝四八七九万六二七二円。ただし、一見緻密な計算のようにみえますが、そもそもこのカップルの月額消費支出が平均に近いかどうかも分かりませんし、遺族の消費支出が七割かどうかも分

かりません。仮に五割とすると一四〇〇万円近くの誤差が生じます。また、月額消費支出を正確に常時把握している人はほとんどいません。

②　子どもの教育費

約一〇〇〇万円（大学まで国公立）×二人＝二〇〇〇万円とします。

③　子どもの結婚資金

三〇〇万円×二人＝六〇〇万円。もっとも、結婚資金は親が用意するものかどうかも分かりませんし、三〇〇万円の妥当性も不明です。

④　子どもが独立した後のパートナーの日常生活費

二九万四五四円×〇・五（消費支出を今度は五割とする）×四八〇カ月（九〇歳までの四〇年間）＝六九七〇万八九六〇円。これも問題点は①と同じです。

⑤　遺族年金

夫の平均標準月額を三〇万円とすると、子どもが一八歳になるまでの一六年間は毎月一七万八〇〇〇円、六五歳までの一九年間は一二万四〇〇〇円、六五歳からの二五年間は九万二〇〇〇円の遺族年金が入ります（日本年金機構のホームページ）。これらを累計すると、（一七万八〇〇〇円×一二カ月×一六年）＋（一二万四〇〇〇円×一二カ月×一九年）

＋（九万二〇〇〇円×一二カ月×二五年）＝九〇〇四万八〇〇〇円となります。公的年金保険の大切さがよく分かります。

⑥ 死亡弔慰金や貯蓄

合わせて三〇〇万円と仮定します。

このように、戦後の日本の生命保険業界は、女性が家を守るものという前提でここまでを小計して（①＋②＋③＋④－⑤－⑥）、必要保障金額を五一四五万七二三二円と算出してきたのです。「約五〇〇〇万円の死亡保障が必要です」「子どもを私立で教育するのであればさらに三〇〇〇万〜四〇〇〇万円の上乗せが必要です」というわけです。

しかし、①、④で注記したように係数を少し変えれば、あっという間に一〇〇〇万〜二〇〇〇万円の誤差が生じます。

前記の将来の収支バランスの考え方は理屈が通っていて分かりやすく、「これだけの備えが必要」と具体的な金額が提示されれば消費者の目には一見合理的に映ります。金利や物価の変動や税金などは捨象されていますが、そもそも金利や物価の変動や税金などを計算式に入れると計算が複雑になるばかりではなく、ふつうの消費者にはなかなか理解できなくなってしまいます。

高度成長時代は、毎年給与が上昇していたので、前記の計算式を示されると妙に納得してしまって少々保険料が高くてもついつい高額の死亡保険を買ってしまったのです。給与が上がれば高い保険料でも年々の負担感は軽減します。つまり、高度成長時代は、必要保障金額を示せば生命保険が売れた時代だったのです。

遺族が働いた場合

しかし、この計算式でも残されたパートナーが働くと仮定すれば必要保障金額は大幅に減少します。たとえば子どもが一八歳になってから、パートナー本人が六〇歳になるまで一四年間、毎月二〇万円の所得（年収二四〇万円）を得ることができれば、二〇万円×一二カ月×一四年＝三三六〇万円⑦となり、必要保障金額は約一八〇〇万円まで減少します（①＋②＋③＋④－⑤－⑥－⑦）。

さらに就労期間を一〇年増やせば二〇万円×一二カ月×一〇年＝二四〇〇万円の収入が得られますから、必要保障金額はなんとマイナス六〇〇万円になってしまうのです。この場合も、子ども二人を私立大学に進学させると、プラス三〇〇〇万～四〇〇〇万円が必要ですから、なお二五〇〇万〜三五〇〇万円の保障が必要という結果にはなりますが。

以上の計算結果から次の二つのことがよく分かります。

一つは残されたパートナーに一生働く気持ちがないとしたら、死亡保険の必要保障金額は五〇〇〇万円から一億円近くまで、聞くと驚くような高い金額になります。

逆に残されたパートナーに働く気持ちさえあれば、死亡保険の必要保障金額はかなり減少するということです。

二つ目ですが、この一見精緻にみえる伝統的な計算式は、高い必要保障金額を導くための生命保険会社の販売戦略の側面がなかったのかどうかということです。

筆者は死亡保険の必要保障金額を算出する簡便式として「年収(手取り金額)の二〜三年分＋子ども一人の教育費につき一〇〇〇万円(私立コースなら二〇〇〇万〜三〇〇〇万円)」を推奨しています。子どもの教育費をまず押さえ、後は気持ちの整理をつけて再び社会復帰をするまでのつなぎの生活資金さえ確保しておけば心配はいらないと考えるからです。

面白いことには、簡便式でも一見精緻にみえる伝統的な計算式でも、①＋②＋③＋④−⑤−⑥−⑦が一八〇〇万円ですから、必要保障金額はどちらの式でもさほど変わらないのです。

４　一人で子どもを育てている場合（シングルペアレント）

就業不能保険を

日本では現在、全世帯の中で一割近い世帯が、一人で子どもを育てています。この場合は単身で生活している場合とまったく同様に、一番大きなリスクは自分が働けなくなる事態です。明日を担う子どもと一緒に生活しているわけですから、就業不能保険に入っておくことはマストに近いものがあると考えます（一人で生活している場合を再読してください）。

次に必要なのは子どもの教育資金を担保することです。子ども一人につきご自身に一〇〇〇万円の死亡保険を掛けましょう。一人で子どもを育てている場合は、就業不能保険と死亡保険の組み合わせが何にもまして優先されるべきだと思います。一般に、シングルペアレントは、所得が低く生活に苦しんでいる人が多いといわれています。県民共済やネット生保など、保険料の安い商品を上手に探してみることが大切です。

5　中高年の場合

必要保障金額の再計算を

先ほど想定した、子どもがいて、夫婦のうち夫が働いているカップルのケースで、事故などにあわず無事一〇年が経過したと仮定します。カップルはともに四〇歳、双子の子どもは一二歳に成長しています。夫は外で働き、妻は専業主婦のままです。きっと年収もそれなりに上がっているでしょう。そろそろ老後保障のことが気になる年齢かもしれません。

例の「伝統的な必要保障金額」算出理論（考え方）をマスターしておけば、老後の生活をイメージすることは、決して難しいことではありません。以前と同様の手順で試算してみましょう。計算機があれば簡単に試算できるので、ぜひ、皆さんも一緒にトライしてみてください。

① 子どもが独立するまでの世帯の日常生活費

二九万四五四円×一二〇カ月＝三四八五万四四八〇円とします。

② 子どもの教育費

小学校までを終えているのでその分(約二五〇万円)を控除して、七五〇万円×二人＝一五〇〇万円。

③子どもの結婚資金

三〇〇万円×二人＝六〇〇万円。

④子どもが独立した後の日常生活費

二九万四五四円×〇・七(消費支出は七割とする)×四八〇カ月(九〇歳までの四〇年間)＝九七五九万二五四四円。

⑤老齢年金

六五歳から二五年間、二三七万円(年額)×二五年＝五九二五万円。二人とも九〇歳まで生きると仮定します。

⑥退職金・預貯金

合わせて一五〇〇万円と仮定します。

⑦夫の就労所得

年収七五〇万円で六〇歳定年で、手取りは六割と仮置きすると、七五〇万円(年額)×〇・六×二〇年＝九〇〇〇万円となります。

こうして計算すると(①+②+③+④−⑤−⑥−⑦)、マイナス一〇八〇万二九七六円となり、このカップルの場合は特別な老後保障は準備しなくてもいいという試算結果になります(夫の年収が五〇〇万円だと二〇〇〇万円の不足となります)。

よく巷では、「六〇歳までにせめて三〇〇〇万円は準備しなくては」などといわれたりしていますが、このように自分で計算してみると無用な心配はしなくて済みます。「インフレが起こったらどうするのだ」といわれそうですが、心配しだすとキリがありません。日本はこれから労働力不足のトレンドに入ります。ということは、体さえ健康であればいくつになっても働けるということです。老後の生活を保障するのは、実は皆さんの健康なのです。

もちろん、ここでも子どもを私立に通わせれば余計に三〇〇〇万〜四〇〇〇万円ほどかかるので、二〇〇〇万〜三〇〇〇万円ほど資金がショートする結果となります。

資金不足をどうカバーするか

それでは、子どもを私立に通わせたいと考えたとき、生命保険(個人年金保険)をうまく活用すればこの資金不足分二〇〇〇万〜三〇〇〇万円をカバーすることができるのでしょうか。残念ながら答えはノーです。なぜなら七二のルールを思い出していただきたいのですが、ゼロ金利の下ではスノーボールが転がらず、生命保険の強みであるレバレッジがほとんど効かないのです。

四〇歳で個人年金に入ったとしても、その分⑥の退職金・預貯金の項から預貯金が減り生命保険料に振り替わるだけの話です。つまり、皆さんのお金の預け先が銀行から生命保険会社に切り替わるだけなのです。

では、どうすれば資金のショートをカバーできるのでしょうか。二つの方法が考えられます。一つは、収入を増やすことです。この例では、六〇歳以降七〇歳まで月収二〇万円で夫が働くと一〇年間で二四〇〇万円の収入が得られるので、子どもを私立にやってもなんとかしのげそうです。

妻が今から六〇歳まで二〇年働くという方法もあります。この場合は月収一〇万円でも二四〇〇万円の収入が得られます。一般に、働くことは、老化を防ぎ健康寿命を延ばす効果があるといわれていますので一石二鳥です。

もう一つは、生活費を削ることです。これは、生活の質を落とすことと必ずしも同義ではありません。東京に住んでいた人が地方に転居したら、毎晩のおかずが一品増えたという話を聞いたことはありませんか。老後をどこで過ごすかを考えておくだけでも、生活費は相当変わってくるのです。

中高年の死亡保険ニーズ

就業不能保険は原則として働いている間の保障であり、また医療保険は終身タイプがいいという話はすでにしました。中高年になったとき、生命保険にかかわる次の問題は、死亡保険をどうするのかということです。

死亡保険の本質を教育費の担保ととらえると、死亡保険は子どもが大学を卒業した時点でお役御免になると理解するのが自然であり、グローバルな視点でみるとこの考え方が主流だと思われます。

ただし、日本では次の二つの理由で中高年になっても死亡保険のニーズが存在しています。

一つは「自分の葬式代ぐらいは自分で用意しておきたい」という漠然とした社会常識が広く蔓延していることです。これが二〇〇万〜三〇〇万円の終身死亡保険が売れている大きな原因となっています。退職金等でわざわざ一時払いの終身死亡保険を買う人もいるほどです。

一理ある考え方ですが、本当に葬式代を準備したいのであれば預貯金でも十分その用は足せます。むしろ、預貯金の方がいつでも自由に引き出せるので便利ではないでしょうか。預貯金で備えておくと生前にお墓や戒名を購入することもできますが、保険だと流動性が乏しいのでそうはいきません。ここで、預貯金と一時払終身死亡保険を比べてみましょう。手元に退職金が一〇〇〇万円あると仮定します。

預貯金の場合は、元本の一〇〇〇万円が常に保証されます。そして、いつでも好きなだけ引き出せます。ただし、金利が低いので何年預けてもほとんど増えません。

一時払終身死亡保険は、買った瞬間に会社の運営経費（付加保険料）が引かれます。たとえば三%とすると三〇万円が引かれ九七〇万円から運用がスタートすることになります。したがって、早期に解約するとほとんどのケースで元本割れとなります。二〇年、三〇年経つと預貯金よりは少しは増えるかもしれませんが、その差は微々たるものです。もちろん、以上は七二のルールのところでもお話ししたように、ゼロ金利下での話です。高金利の下では、話はちがってきます。

二つ目は税制の活用です。日本では「五〇〇万円×法定相続人の数」までは相続税が非課税となります。夫が、妻や子ども二人に財産をキャッシュで残そうと思ったときに、五〇〇万円×三人で合計一五〇〇万円の終身死亡保険を買っておくという方法があるのです。この場合は、

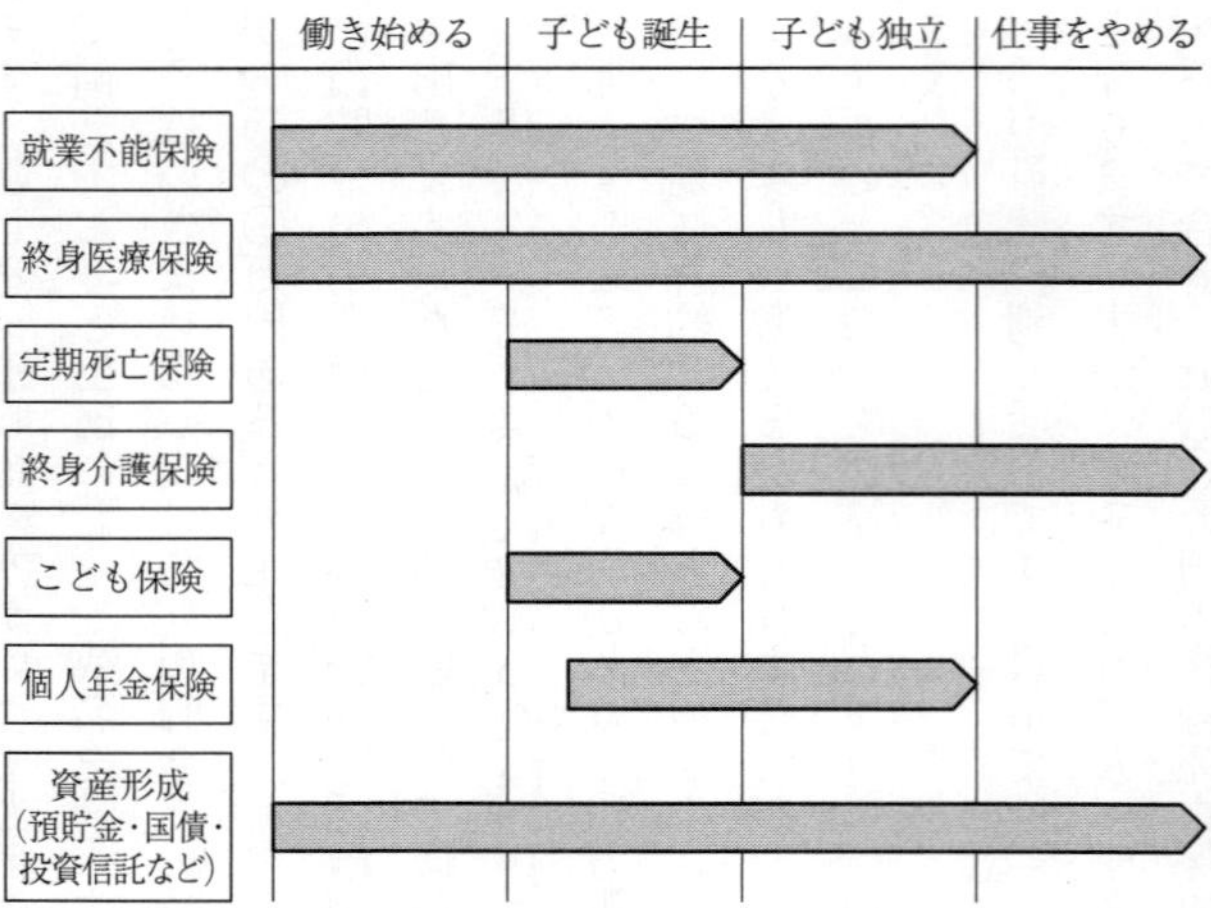

図 5-1　生命保険購入のイメージ

高齢になってから預貯金をおろして一時払いの終身死亡保険を購入する方法が有効です。

ただし、二〇一五年一月一日以降、贈与税の税率軽減が行われていますので、必ずしも生命保険を使わなくても無税で財産を子どもたちに分与することができるようになりました。これは贈与税の「相続時精算課税」といい、財産を次の世代にスムーズに移転するために導入された仕組みです。相続時精算課税の適用を受けると、六〇歳以上の親から二〇歳以上の子どもや孫へ二五〇〇万円までの贈与であれば、贈与税がかからなくなりました（しかし、贈与した人が亡くなったときには、遺産に贈与された金額を加えて相続税の計算をすることになります）。

以上二つのニーズを除けば、高齢者には死亡保障は不要だと思います。これまで毎月支払ってきた死亡保険料で、美味しい食事をしたり旅行にでかけた方が人生をはるかに楽しく過ごせるでしょう。

それでも中高年になってどうしても生命保険を買いたいのであれば、終身介護保険が一番のおすすめです。病院の差額ベッド代など、公的セーフティネットでは提供されないサービスを享受するために人々は医療保険を求めます。同じ理由で公的セーフティネット以上の介護サービスを受けたいと思うのであれば、終身介護保険を考えていいと思います。

これまでお話ししてきたことをイメージで示すと図5-1のようになります。

6　誰に相談したらよいか

独立系のファイナンシャル・プランナー

病気になったとき、医師の診断がもし腑に落ちなかったら、別の医師のセカンドオピニオンを求めることは、社会の常識になってきています。

これまで本章で語ってきたことは、生命保険業界で四〇年以上働いてきた筆者が、この世界の諸先輩の教えを咀嚼《そしゃく》した上で現時点で正しいと信じている生命保険の買い方です。でも別の意見も聞いてみたいと皆さんが感じたら、どうすればいいのでしょうか。

「お金を払って、独立系のファイナンシャル・プランナーに相談する」のが、ベストの選択だと思います。「独立系」の意味は、原則として保険を売らない、あるいは保険代理店で働いてはいないという意味です。

町には「無料で保険相談に応じます」といった看板を掲げて、実際ファイナンシャル・プランナーの名刺を所持したスタッフが相談にのってくれるところがたくさんありますが、そのほとんどが実は保険代理店だったりします。彼らは、なぜ無料の保険相談をしているのでしょうか、そして、そのコストはどうやって回収しているのでしょうか。

彼らは保険相談を通じて、最終的には生命保険を販売することで給与をもらっています。そうであれば、自分で販売できない生命保険をすすめること(中立的なアドバイス)はまずありえないと思っていいと思います。まさに、世の中にタダより高いものはないのです。

弁護士に相談するのと同じで、本当に良い情報を得ようと思うのなら、きちんと対価を支払わなくてはなりません。日本の世帯は、平均して年間四一万六〇〇〇円もの生命保険料を支払っています。生命保険を見直すことで、仮にその一割が削減できたとしたら一年で四万円以上の節約ができるのですから、浮いたお金の半分を相談料に当てたところで十分元は取れます。

相談料を惜しんではいけません。

では、どこに行けば、その独立系ファイナンシャル・プランナーに会えるのでしょうか。インターネットで検索することが一番の早道です。検索結果の中から気に入ったところをいくつかみつけて連絡してみるといいと思います。

第6章　生命保険をどこで買うか

生命保険会社のセールスから買う

賢い消費者は、何を買うにしてもまず十分な下調べをします。雑誌や本を読んだり、インターネットで検索してみたりして、商品知識をある程度頭にインプットした上で、実際の買い物に出かけるのです。生命保険は住宅に次いで高い買い物だといわれたりしていますから、ふつうの商品以上に下調べが必要だと思います。前章の最後にお話ししたように、独立系のプロのファイナンシャル・プランナーにアドバイスをもらって十分納得した上で、生命保険を買うのが一番賢い方法だと思います。ところで、生命保険はどこで買えばいいのでしょう。

生命保険は、セールス、ショップ、ダイレクト販売で購入できます。それぞれの特色について説明します。

戦後の日本の伝統的な生命保険の買い方は、職場や住居を訪ねてくる生命保険会社のセールスから保険を買うというものでした。今でもこの販売方法が主流ですが、これはほぼ日本だけで、他の先進国では次に述べる「乗合代理店」が中心です。

セキュリティなどという言葉が一般的ではなかったほんのひと昔前までは、ほとんどの職場が開放されていて、セールスは飛び込みでも自由に職場に入ることができました。日本の生命保険会社は機関投資家として、かつては日本最大の大株主でした。大企業の筆頭株主はそのほとんどが生命保険会社だったのです。大株主にとって、その企業の入館証を入手することはいとも簡単なことでした。入館証を入手したセールスは、その職場（市場）をほぼ独占することができます。これが、日本の生命保険会社のセールスの強さの秘密だったのです。

しかし、九・一一事件（二〇〇一年のアメリカ同時多発テロ事件）をきっかけに、情報管理や防犯対策のため職場のセキュリティチェックが厳しくなってくると、セールスの出入りもかなり制限されるようになりました。この状況が次に触れるショップの発展を促したのだと分析する人もいます。

セールスの問題点は自動車の販売と同じで、専門用語では「一社専属制」といいますが、そのセールスが所属している生命保険会社の商品しか買えない点にあります。生命保険を買おうと考えている人が複数社の商品を比較しようと思ったら、ちがう生命保険会社のセールスにも見積り（説明）に来てもらわなくてはなりません。

もちろん良い点もあります。家族のことを知り尽した何十年も従事している有能なセールスの方に、親も子どもも二世代にわたってお世話になっているという話もよく聞かれます。

ショップ（金融機関の窓口）で買う

ショップは、専門用語でいうと乗合代理店の範疇に入ります。たくさんの生命保険会社の商品を並べて売っている販売店で、大別すると、駅前などにある保険専門ショップと、銀行など金融機関の窓口販売の二つになります。

ショップは一社専属制のセールスと比べ、一カ所で簡単に多くの生命保険会社の商品を比較して購入することができるという利点があります。一方問題点は、少し難しくなりますが、「ベストアドバイス」と「ベストコミッション」の関係にあります。

一般に、消費者は多くの生命保険商品の中から自分の条件に適したベストな商品をすすめてほしいという気持ちをもっています。ショップにはベストアドバイスをしてほしい、あるいは、監督官庁はベストアドバイス義務をショップに課してほしいと思っているのです。

ところが、セールスはともすればコミッション（販売手数料）の厚い商品（ベストコミッション）をたくさん売りたいという方向に向きがちです。ショップで働く人のインセンティブを考えればベストコミッションは理の当然です。

この二つ、つまりベストアドバイスとベストコミッションをどうバランスさせるか、あるいはベストアドバイスをどう担保するかという問題は日本に限ったことではなく、生命保険業を監督する上で世界共通の難問でした。保険の先進国アメリカでは一〇年かけて議論し「消費者が要求したら販売スタッフはコミッションを開示しなくてはならない」というルールを法律で定めました(ニューヨーク州法)。この方法がベストアドバイスを担保する上でもっとも有効な方法だとアメリカは考えたのです。

不動産を購入する場合は初めからコミッションが開示されていますし、投資信託を購入する場合はコミッションが分からなかったら利回りそのものが算出できません。金融商品のコミッションの開示は決して珍しいことではないのです。

ショップで保険を購入しようとしてもし疑問が生じたら、すすめられた商品のコミッションを尋ねてみるのも、賢い消費者になる第一歩になると思います。日本では、アメリカのような法的なコミッションの開示義務はありませんが、優れた販売スタッフなら、きっと概要を教えてくれるはずだと思います。

ダイレクト販売で買う

ダイレクト販売とは、電話やインターネットを利用して、生命保険会社から生命保険を直接購入する方法です。セールスやショップの対面販売に要する(販売)コストを削減できるので、上手に販売することができれば、その分保険料が安くなります。

自動車保険ではマーケットのほぼ一割がダイレクトに移行したといわれていますが、生命保険ではまだそこまでの普及はありません。問題点は、相談手段が電話やメールに限られるため、現時点ではある程度生命保険の知識がある人が利用している状況です。

その他の方法で買う

以上三つが生命保険の主な買い方になりますが、この他に「職場で買う」という方法があります。従業員規模の大きな職場では、福利厚生制度の一環としてグループ保険制度(Bグループ保険)を導入しているところも多く、こうした職場に勤務している場合は一年更新のグループ保険を買うことができます。グループ保険も販売コストを抑えることができるので、ダイレクト販売と同様に保険料が安くなります。

問題点は、その職場を転職などで退職したら保障がその時点で途切れてしまうということです。

良くないセールスを見分ける方法

筆者が昔から良くないセールスや生命保険の販売スタッフ、あるいはファイナンシャル・プランナーを見分けるために使用している五つのポイントを紹介しておきます。

- 公的年金保険（とりわけ遺族年金や障害年金）や公的医療保険（とりわけ高額療養費制度）などのセーフティネットを初めにきちんと説明しない人。
- 家計の負担（たとえば手取りの三〜五％）より、必要保障金額に重きを置いて話す人。
- 預貯金の重要性よりも、利回りの高さをひたすら訴える人。たとえば七二のルールをきちんと説明しない人。
- 情報開示に消極的な人。たとえば、なぜこの保険をすすめるのかなど重要な情報をうやむやにしようとする人。
- 保険料の安い生命保険商品より、必要以上に保険料の高い生命保険商品をすすめる人。

以上、生命保険をどこで買えばいいかということについて述べてきましたが、結論は次の三つです。

●生命保険は銀行と同じ免許事業で金融庁がしっかりと監督（商品は、一件ごとに個別認可）しているので、どこで買ってもそれほど心配することはありません。

●どこで買うかということよりも、むしろ、自分で家計をしっかりチェックして（上限は手取りの三〜五％）、自分のニーズとよく照らし合わせながら、生命保険商品をよく「比較して納得して」買うことが何よりも大切です。

●なお、どこで生命保険を買っても、保険金や給付金を請求する際の手続きに大差はありません。現在はどの生命保険会社も、支払業務は事務センターに集約して主に電話を介して支払いを行っているので、基本は同じです。

コラム②　生命保険の国際比較

日本の生命保険が、現在、世界の中でどのような地位を占めているかを概観しておきましょう。

表C2‐1をみると、依然として日本はアメリカに次ぐ世界第二位の生命保険大国であることが分かります。三位は連合王国（UK）で、この三国で生命保険の世界のマーケットの四五％以上を占めています。

ただし、保険料の対GDP比で見ると台湾が突出しています。次が日本とUKです。UKの生命保険は投資信託と同じ機能をもつ一時払いの「ユニットリンク保険」が主流で、日本とはかなり商品構成が異なります。そこでアメリカと日本の生命保険事情をもう少し詳しく比較してみます。

表C2‐2をみてください。

GDPに対する総保障金額（保有契約高）の割合は、日本がアメリカの約二・四倍、市民一人

表 C2-1　生命保険料の世界ランキング(2013 年)

(単位：100 万米ドル，%)

順位	国名	2013 年 生命保険料収入	2013年 シェア	2009年 シェア	2009年からの シェア増減	対 GDP 比 (2013 年)
1	アメリカ	532,858	20.43	21.12	−0.69	3.2
2	日　本	422,733	16.21	17.12	−0.91	8.8
3	連合王国	222,893	8.55	9.34	−0.79	8.8
4	フランス	160,156	6.14	8.32	−2.18	5.7
5	中　国	152,121	5.83	4.68	1.15	1.6
6	イタリア	117,978	4.52	4.94	−0.42	5.5
7	ドイツ	114,349	4.38	4.79	−0.41	3.1
8	韓　国	91,204	3.5	2.46	1.04	7.5
9	台　湾	75,013	2.88	2.24	0.64	14.5
10	カナダ	52,334	2.01	1.87	0.14	2.9

(出所)生命保険協会「国際生命保険統計」(2014 年)

表 C2-2　日本とアメリカの生命保険の比較 (2013 年)

	日　本	アメリカ
収入保険料　① (単位 100 万ドル)	422,733	532,858
保有契約高(総保障金額)　② (個人保険，10 億ドル)	8,327	11,215
GDP　③ (10 億ドル)	4,806	15,542
人口　④ (100 万人)	126.3	314.0
総保障金額の GDP 比 (②／③)	1.73(倍)	0.72(倍)
1 人当たり保障金額 (②／④，1,000 ドル)	65.9	35.7
1 人当たり支払保険料 (①／④，ドル)	3,347	1,697

(注)円ドルレートは 102.98 で計算
(出所)生命保険協会「国際生命保険統計」(2014 年)ほか

当たりの保障金額でみても日本がアメリカの約一・八倍となっています。

これは、日本の生命保険業界が、アメリカの二倍以上、死亡保険を売ってきたことの現われです。当然の結果として、日本の市民はアメリカの市民のほぼ二倍の生命保険料を支払っています。第5章で述べましたが、高度成長期の日本では、専業主婦が一生働かないという前提で高額の必要保障金額を算出して販売してきたという、特殊な事情があったからでしょう。

生命保険の祖型である死亡保険のニーズは、その国のセーフティネットに加えて個人個人の人生観や労働慣行、教育費用などが大きく影響しているのです。

第7章　生命保険料はこうして決められる

1　生命保険料の決め方

生命表を読む

あらゆる産業を理解する鍵は、主力商品の値段の決め方を理解することにあります。生命保険をもっと本質的に理解しようと思えば、生命保険料の算出プロセスを勉強することが一番です。

厚生労働省は、「簡易生命表」を毎年発表しています。これは、日本人の年齢別・性別に次の誕生日までの間の死亡率（逆にすれば生存率）や平均寿命などを示した表で、二〇一三年の生命表の一部を抜粋すると表7-1のようになります。ニュースで平均寿命が延びたなどと報道されていますが、それはこの簡易生命表が出所です。

この表の読み方は、簡単にいえば、三〇歳の男性が一〇万人いたとして、向こう一年間に六四人が死亡し（逆にすれば九万九九三六人が生存）、同じ三〇歳でも女性だと三三人が死亡するだろうというものです。この死亡率は過去のデータを元に推測されていますから、厳密にいうと、未来に対しては予測、つまり「予定死亡率」といい換えた方が正確です。

この「簡易」生命表に対して「完全」生命表も存在していますが、こちらは五年ごとの国勢調査に合わせて作成されています。どちらも日本人全員を対象としているので、「国民表」とも呼ばれます。

国民表とは別に、生命保険を購入した人を対象として調査した生命表もあります。こちらは「経験表」と呼んでいます。経験表は公益社団法人日本アクチュアリー会が作成しています。アクチュアリーとは、確率論や統計学などの数学的手法を用いて、保険や年金の数理業務(保険料や積立金の計算等)やリスク管理などを行う専門職です。

表 7-1　簡易生命表(一部抜粋)

	男　性	女　性
30 歳	0.00064	0.00033
40 歳	0.00112	0.00064
50 歳	0.00286	0.00160
60 歳	0.00734	0.00321

保険料を計算する

生命保険料は生命表から計算されます。実際の生命保険料は原則として経験表に基づいて算出されていますが、原理はまったく同じですので、ここでは簡易生命表に基づいて保険料を計算してみましょう。

三〇歳の男性が一〇万人いたとして、向こう一年間に死亡する六四人に対して一人一〇〇〇万円の保険金を支払うものとします。そうすると、必要な資金は、「一〇〇〇万円×六四人＝六四〇〇〇万円」となります。これを一

○万人で均等に負担すると、「六四〇〇万円÷一〇万人＝六四〇円」です。簡単ですね。同様に計算すれば、三〇歳の女性なら三二〇円、六〇歳男性なら七三四〇円、六〇歳女性なら三二一〇円が保険料となります。

ここで分かることが二つあります。

一つは、死亡保険はレバレッジが高い。一〇〇万円÷六四〇円＝一五六二・五倍となります。もう一つは、高年齢になると保険料が加速度的に高くなるということです。六〇歳男性と三〇歳男性を比べると、七三四〇円(六〇歳男性)÷六四〇円(三〇歳男性)≒一一・五倍となります。

「予定利率」を理解する

以上の計算プロセスを、もう少し注意深くみてみましょう。

六四〇〇円の保険料は一〇万人から現時点で集金していますが、六四人は向こう一年の間に順次死亡することになるので、ざっくり考えれば六カ月後(年央)に死亡するとみなすことができます。そうすると、保険金を支払うことになるまでの半年間はみんなから集金した保険料六四〇〇万円を運用することができます。

とりあえず計算しやすいように半年の国債の金利を五％とすれば(低金利時代にはそぐわない

仮定ですが、あくまで原理・原則を理解するための便法だと考えてください)、実際に集める保険料は、「六四〇円÷一・〇五≒六一〇円」、すなわち六一〇円の保険料ですむ計算になります。この割引率五%を「予定利率」と呼んでいます。予定利率は通常は年利で表わされます。

生命保険を購入する消費者にとっては、六四〇円必要なところが六一〇円で済むわけですから、予定利率は拠出した保険料六一〇円の利回りと考えてもさほど大きな間違いではないでしょう。

予定利率を高めに設定すれば保険料を安くすることが可能になります。複数の生命保険会社が安売り競争を行い、予定利率をどんどん上げるような事態が発生したら、どうなるでしょうか。

市場実勢(たとえば長期国債の平均流通利回り)からかけ離れて生命保険の予定利率だけが高くなると、いわゆる「逆ざや」という現象が生じます。そうなると、生命保険会社も(当たり前のことですが)通常の運用では予定利率が確保できず、約束した保険金を契約者に支払えなくなります。六一〇円が予定通り六四〇円に増えてくれないと、六四〇〇万円の保険金は支払えないのです。

このような逆ざや状態に陥ると、生命保険会社はついついハイリスク・ハイリターン運用に手を出してしまいます。うまくいけばとりもどせますが、失敗すれば大変です。第8章で後述しますが、かつて日本で起こった生命保険会社の破綻は、「競争上高い予定利率を設定↓逆ざやに陥る↓ハイリスク・ハイリターン運用に手を出す↓失敗して破綻」のパターンがほとんどでした。

そこで現在では、監督官庁である金融庁が「標準利率」という国債に連動したガイドラインを定めて、過当競争が起こらないように指導しています。現在の標準利率は一・〇％です。

「純保険料」は製造原価

生命保険料は生命表（予定死亡率）と割引率（予定利率）から算出されるということが分かりました。このように予定死亡率と予定利率から計算された生命保険料を、専門用語では「純保険料」と呼んでいます。生命保険会社にとっての純保険料は、製造業でいう製造原価に相当するものです。

そして、どの生命保険会社も死亡保険料を算出する際には、現在は原則として経験表である「生保標準生命表二〇〇七」を使用しています（なお、非喫煙型の商品などは、生命表が各社ごとに異なります）。

予定利率についても標準利率という金融庁が定めたガイドラインが存在します。ということは、死亡保険料算出の根拠となる生命表が原則同じで、また標準利率もガイドラインが定められているわけですから、死亡保険の製造原価である純保険料には各社とも大差はないということが分かります。ライフネット生命を除いて純保険料を開示している生命保険会社はありませんので、はっきりしたことはいえませんが、おそらく各社の純保険料の違いは、あってもせいぜい上下一〜二割と筆者はみています。

純保険料は、現在でも個々の商品ごとに金融庁の認可事項になっています。それはなぜでしょうか。

一番大きな理由は消費者保護にあると考えます。予定死亡率や予定利率を恣意的に設定して逆ざやのような事態が発生し生命保険会社が破綻すれば、結果として消費者は大きな損害を被ります。生命保険は統計や確率に準拠したビジネスなので、製造原価がきちんとした統計やデータに裏打ちされて算出されているかどうかを、金融庁が消費者に代わってチェックしているのです。

表 7-2　ネットで申し込める主な定期死亡保険の比較

保険料は期間 10 年，保険金 1000 万円の場合

	保険料(男性，月額，円)			特　徴
	30 歳	40 歳	50 歳	
ライフネット	1230	2374	5393	保険金額の上限が 1 億円と比較的高い
アクサダイレクト	1240	2380	5290	更新時の健康状態で保険料に差
楽　天	1280	2400	5290	保険金額は 500 万円単位で設定
オリックス	1310	2414	5297	保険金額，期間の選択肢が比較的多い
大手 A 社	2700	3990	7280	配当が出ることがある

(注)保険料の年齢は契約時
(出所)日本経済新聞朝刊(2014 年 4 月 5 日)

「付加保険料」は会社の運営経費

ところで、製造原価である純保険料は、保険金を支払ってしまえば理屈上はゼロになってしまいます。実際には、予定死亡率は若干の余裕を持って堅目に設定されているので、利益(実際の死亡率－予定死亡率。「危険差益」と呼んでいます)が生じることが一般的ですが。

それでは、生命保険会社の運営経費(人件費や物件費)はどこから捻出されるのでしょうか。

答えは皆さんの保険料からいただいているのです。実は、皆さんが毎月支払っている生命保険料は純保険料ではないのです。製造原価である純保険料に、会社の運営経費である「付加保険料」を上乗せした「営業保険料」

を皆さんは支払っているのです。

生命保険会社の経営戦略（セールスをたくさん抱えるか否かなど）によって会社の必要経費も大きく異なりますので、付加保険料は各社が自由に決めて良いことになっています。死亡保険の製造原価である純保険料には大差がないわけですから、各社の死亡保険料の高低は、主として付加保険料の大小から生じていると思われます。

表7-2をみれば、たとえば三〇歳の定期死亡保険料では保険会社によって二倍近い高低差が生じていますが、この差のほとんどは付加保険料の大小によるものだと思われます。

「平準保険料」とは何か

ところで、今まで行ってきた生命保険料の計算は、保険期間を一年とした死亡保険の話でした。生命表をみれば明らかなように、年齢が上がるごとに死亡率が高くなるのでそれに連動して純保険料は毎年高くなっていきます。これを「自然保険料」と呼んでいます。

一〇〇万円の保険金をもらうために必要な自然保険料は、三〇歳なら六四〇円、六〇歳なら七三四〇円でした。三〇年間で実に一一・五倍にも上がるのです。しかし、消費者の立場からすれば、毎年保険料が上がっていくのでは生活設計が立てにくくなってしまいます。毎年賃料

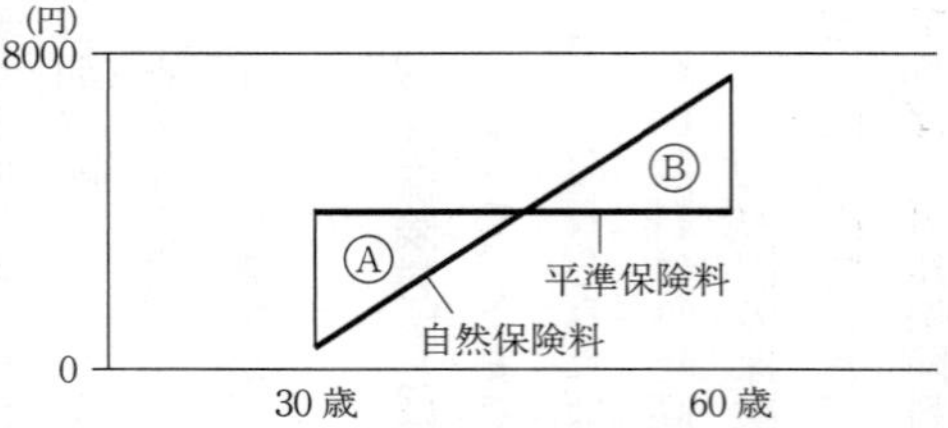

図7−1　平準保険料の仕組み

がまちがいなく上がると確定している（しかも三〇年後には一・五倍になる）マンションには誰も住みたくないのと同じことです。これまでも度々言及してきましたが、特にこの先は、高度成長時代とは異なり、給与が上がるかどうかもよく分からない世の中です。支払額はできるだけ長く固定させたいのが、ふつうの市民の心情でしょう。

そこで、約二五〇年前のロンドンで「平準保険料」が発明されました。これは、三〇歳の六四〇円と六〇歳の七三四〇円を平準化して、三〇年間同額の保険料を納めてもらおうという発想です（図7−1）。

平準保険料が発見されて初めて、近代的な生命保険事業が始まったといわれています。また平準保険料を採用すると、必ず積立金が発生する（図7−1のⒶの部分。「保険料積立金」あるいは「責任準備金」と呼ばれています）ので、生命保険会社は、保険の引き受けと並んで資産の運用が本業となり、機関投資家としての性格を帯びるようになったと考えられています。

「生存保険料」を計算する

次に「生存保険料」を計算してみましょう。生存保険は貯蓄保険の素《もと》となるものです。今度は逆に一年後に生き残った人々に一〇〇万円を支払うと仮定します。ちなみに、死亡保障の死亡保険金に対して、生存保障の場合は一般に満期保険金と呼んでいます。

三〇歳の男性の場合、死亡者が六四人ですから、生存者は九万九九三六人。用意しなくてはならない満期保険金の総額は九九九億三六〇〇万円。これを一〇万人で均等に負担するので、「九九九億三六〇〇万円÷一〇万人＝九九万九三六〇円」が生存保険料となります。同様に計算して六〇歳の男性だと九九万二六六〇円。この生存保険の満期保険金をたとえば一〇年分割で一〇万円ずつ受け取ると仮定すると、年金が一〇年間もらえることになります。これが、一般に個人年金保険と呼ばれているものです。すなわち、個人年金保険は生存保険の満期保険金の受取方法を変えただけの商品なのです。

ここで分かることが二つあります。一つは、生存保険はレバレッジがほとんど働かないということ。もう一つは、年齢が違っても保険料にはほとんど差が生じないということです。

つまり、生存保険は、預金にきわめてよく似た性質をもつ金融商品なのです。このような性質から、さらに次のことが導かれます。

まず、生存保険には付加保険料を組み込みにくいことです。毎月一万円ずつ預金を積み立てていけば、一年後には確実に一二万円が貯まります。これは、銀行が利ざやで銀行の運営経費を賄っているからです。

これに対して、生命保険会社は付加保険料で経費を賄っています。営業保険料に三〇%の割合で付加保険料が組み込まれていたと仮定すると、毎月一万円ずつ保険料を支払っても一年後の保険料積立金は「七〇〇〇円×一二カ月＝八万四〇〇〇円」で、一二万円にはなりえないのです。

この点において、生存保険は預金と比較すると著しく見劣りします。七二のルールのところでも述べましたが、生存保険はある程度（四〜五%）の長期金利水準がないと存立そのものが難しくなる商品なのです。大多数の生命保険会社は、生存保険には本質的に付加保険料を組み込みにくいので、付加保険料を極力低く抑えることにして（前述の三〇歳男性の試算ケースでは付加保険料を六四〇円未満に抑えないと、満期保険金の一〇〇万円を営業保険料が上回ってしまうことになります。つまり、まったく売れない商品となってしまうということです）、その代わりに預金類似の連想が働きにくい死亡保険や第三分野の商品（医療保険など）に付加保険料を大きく組み込む経営戦略を採っています。

さらに、生存保険も掛捨て商品ですが、保険料(保険料積立金)が大きくなるので、中途解約を行うときは解約返戻金を払い戻すことが一般に行われています。

死亡保険の場合、一〇万人から集めた六四〇〇万円の保険料は亡くなった六四人に死亡保険金として一〇〇万円ずつが支払われ、九万九九三六人の生存者には一円ももどってきません。この仕組みは、生存者にとっては生命保険料が掛け捨てということになります。それでも、保険料が少額なので生存者にも納得しやすくなっています。

ところが、生存保険の場合、保険料は九九万九三六〇円と大金になります。こちらは、生存者には一〇〇万円の満期保険金が支払われますが、途中で死亡した六四人には一円も支払われない仕組みです。その意味では、生存保険もまた死亡保険と同様に基本は掛け捨てなのです。

それでも、あと一日で一年が経過して一〇〇万円がもらえると期待していた人が満期日の前日に亡くなったとすると、釈然としない遺族がいてもおかしくありません。何しろ保険料が高額なのですから。それゆえに、生存保険は、中途で死亡したり、中途解約したら保険料積立金を解約返戻金として払い戻すことが一般に行われているのです。

解約したらなぜ元本割れするのか

貯蓄型の生命保険（生存保険。養老保険や終身死亡保険、こども保険や個人年金保険など）を購入した消費者が抱く一番大きな疑問は、「中途解約するとなぜ元本割れが生じるのか」ということだと思います。これは、消費者が預金を前提に考えていることが原因です。この問題を前述した一万円の営業保険料（うち三〇％が付加保険料）のケースで考えてみます。

解約返戻金は、純保険料を積み立てたもの（保険料積立金）が原資になりますから、一年後でも一二万円ではなく八万四〇〇〇円しか貯まっていないことは先に説明したとおりです。つまり、生存保険の場合は、一年間に支払った保険料累計一二万円に対して元本割れが生じることは当たり前なのです。これが預金と保険とのそもそもの仕組みの違いです。

しかしながら、実際のところは、たとえば一年後に解約すると八万四〇〇〇円はおろか、解約返戻金がまったく戻ってこない場合がほとんどです。これはどういうわけでしょうか。その答えは付加保険料の扱い方にあります。

とりあえず、三〇％の付加保険料三〇〇〇円をセールスコミッション二〇〇〇円と、その他の会社の運営経費一〇〇〇円に分けて考えてみます。実際のところ、付加保険料の内の六割ぐらいが販売経費に当てられていると一般的（生命保険業界の常識）にはいわれているようです。

この生命保険を販売したセールスは、保険期間が一〇年の商品だとしたら毎月二〇〇〇円ずつ、一年で二万四〇〇〇円、一〇年で二四万円のセールスコミッションを受け取る計算になります。しかし、現実の営業の世界では、セールスのインセンティブを高める観点から、セールスコミッションは分割払いではなく一括して契約を獲得した時に支払うことがふつうです。つまり全期間に渡って入ってくる二四万円の現価（一〇年間の支払総額二四万円の現在価値。一定の利率で割り引いて計算した現在の価格）を算定し、それが仮に二〇万円になったとしましょう。そうすると最初にまとめてセールスにこの二〇万円を支払ってしまうのです。そして、それを残り一〇年間で取り戻していくことになるのです。

ですから、契約を途中で、しかも早期に解約されると、すでに二〇万円はセールスの懐の中に入っていますから、生命保険会社にとっての収支がマイナスになります。まだセールスがその会社に勤務していたらセールスからペナルティとして回収するという方法もありますが（現にそうしています）、退社していたら追いかけようがありません。

そこで、本来的には消費者の持分である保険料積立金から控除して（解約控除）、この二〇万円の内のいくらかを回収しようとするのです。金融庁は（解約控除が原則全期間に及ぶ低解約返戻金型商品などを除いて）契約時から一〇年間にわたって生命保険会社が解約控除を行うことを認めています。

つまり、このような解約控除の制度が公認されて存在しているため、生命保険を早期に解約すると解約返戻金が想定以上に少なくなってしまうのです。貯蓄保険の「解約したら損」という特徴は、流動性を著しく減じることになりますが、逆にみれば、貯蓄の強制力が強い(解約しにくい)ということにもなるのです。

医療保険の保険料

最後に、第三分野の生命保険の代表選手、医療保険について、保険料の算出方法をごく簡単にみておきたいと思います。

素直に考えると、生命表(予定死亡率)の代わりに病気になる確率、入院する確率、がんになる確率などの統計データを挿入すれば、医療保険の保険料もまた計算できることは、容易に想像がつくと思います。

医療保険と死亡保険の大きな違いは、死亡保険の経験表のような業界統一の統計やデータが医療保険には存在しないという点にあります。

国民表に相当するものとしては、厚生労働省の患者調査が挙げられますが、実際問題、生命保険会社は患者調査に加えて、各社で独自に蓄積した医療保険に係る経験値（データ）を用いて医療保険の保険料を計算しています。

「病気にならず、ずっと健康のまま三〇年間過ごされたら、支払われた保険料をまるまるお返しします」などといったうたい文句の医療保険が販売されて人気を集めているようですが、このようなタイプの保険は、まず三〇年間、無病息災でいる人の割合を調べて、その次に支払った保険料の三〇年分を満期保険金とする、いわば生存保険料を計算するのです。そこに通常の医療保険料を付け足して、保険料を設定しているだけなのです。一見健康ボーナスがあってお得と思われるかもしれませんが、その分はあらかじめ、保険料に組み込まれていますので、実は損得は存在しません。

生命保険の製造原価である純保険料に限って考えてみると、純保険料はどの生命保険商品もすべて何らかの客観的な統計データに準拠して算出されています。しかもそれを金融庁が厳しくチェックしています。この点からみると、いわゆる「お得な保険」は原理原則的に存在しえないのです。

純保険料の世界にあるのは、すべての病気をカバーする一般の医療保険のようにカバレッジが広ければ保険料は高くなり、がんのみカバーするがん保険のように、カバレッジが狭くなれば保険料が安くなるという比例関係だけです。

一切の統計的根拠を離れて、分かりやすいたとえ話をします。ある病院で、入院患者が一〇〇人いると仮定します。その内がんで入院している患者が二〇人だとします。入院一日あたり一万円が支払われる医療保険の製造原価である純保険料が一〇〇〇円だとすれば、がんでの入院一日について一万円支払われるがん保険の純保険料は二〇〇円になるということは、すぐに分かりますね。

繰り返しになりますが、生命保険の製造原価である純保険料は統計データに基づいて算出されるため(しかも商品ごとに金融庁の個別認可が必要)、純保険料に限って考えればすべての生命保険商品には基本的に損得はありません。つまり「お得な保険」や「お宝保険」は、過去の高い予定利率の商品などを別にすれば、原理原則的には存在しえないのです。

2013年度末	
(10億円)	(%)
691,304	40.3
184,623	10.8
128,118	7.5
91,508	5.3
344,801	20.1
26,278	1.5
146,262	8.5
—	—
1,713,812	100.0

一方、付加保険料は各社の裁量に任されているので、営業保険料の違いは付加保険料の違いによるところが大きいという点を理解することが、保険料の仕組みを理解するキーポイントになるのです。

表 7-3　金融機関資力の推移

	1937 年度末 (戦前ピーク) (%)	2011 年度末 (10 億円)	(%)	2012 年度末 (10 億円)	(%)
銀行勘定	53.2	647,504	37.0	672,941	36.9
信託勘定	6.3	179,524	10.2	177,169	9.7
信用金庫	0.9	122,638	7.0	124,927	6.8
農業協同組合	6.2	88,196	5.0	89,693	4.9
生命保険	10.7	319,676	18.3	339,088	18.6
損害保険	1.9	24,866	1.4	25,553	1.4
財政融資資金	14.9	159,217	9.1	155,200	8.5
簡易保険	4.7	—	—	—	—
その他共合計	100.0	1,771,008	100.0	1,823,925	100.0

(出所)生命保険協会「生命保険事業概況」(2014 年度)ほか

2　生命保険会社の資産運用

資力は銀行に次いで民間二位

平準保険料のところで、「資産の運用」は生命保険会社の本業であると述べました。では、生命保険会社の資産運用はどうなっているのでしょうか。

生命保険会社の資産の大半は、契約者から預かった責任準備金ですが、郵便局の簡易保険が民営化されたこともあって資金量は著増し、現在では約三四五兆円、民間の金融機関の中での資力のシェアは銀行に次いで二位、二〇%を超えています(表7-3)。

しかし、責任準備金の調達コスト(平均予定利率)は、二〇一三年度で二・四七%と、前年度からわずか〇・〇九%しか低下していません。これは、予定利率の高い古い契約が多く残っており、予定利率が低く設定されている新契約があまり伸びていないことが原因です。

すでに説明しましたが、予定利率を確保しないと保険金が将来支払えないことになりますから、各商品の予定利率を加重平均したものが、すなわち生命保険会社の資金コストになるわけです。一方で、二〇一五年の初めには長期国債の金利が〇・三%を割り込んだように、日本の市場金利は下がり続けています。

そこで生命保険会社は、逆ざや(二・四七%の資金コスト対市場の長期金利)を回避すべく、資産運用の多様化を推し進め、外国証券や株式などに投資をして予定利率の確保に懸命になっているのです。

2013 年度末	
(10 億円)	(%)
4,417	1.3
2,459	0.7
2,670	0.8
38,099	10.9
285,032	81.3
149,816	42.7
14,009	4.0
24,896	7.1
18,030	5.1
78,281	22.3
6,237	1.8
11,669	3.3
350,583	100.0

生命保険会社はこの三四五兆円の資産をどのように運用しているのでしょうか。

表7-4で二〇一三年度末の資産構成をみると、国債(四二・七%)、外国証券等(二二・三%)、貸付金(一〇・九%)が、運用の三本柱であることがよく分かります。

表 7-4　生命保険会社の資産構成の推移

	1980年度末構成比 (%)	2011年度末 (10億円)	(%)	2012年度末 (10億円)	(%)
現金，預貯金	1.7	3,516	1.1	3,575	1.0
金銭の信託	—	2,014	0.6	2,060	0.6
コールローン	0.8	2,509	0.8	2,767	0.8
貸付金	59.7	42,174	12.9	40,245	11.7
有価証券	30.4	257,560	78.8	278,245	80.7
国債	2.3	141,276	43.2	148,769	43.1
地方債	3.0	13,163	4.0	13,935	4.0
社債	5.4	25,343	7.8	25,155	7.3
株式	17.2	14,744	4.5	16,726	4.8
外国証券等	2.6	63,034	19.3	73,660	21.4
不動産，建設仮勘定	6.3	6,514	2.0	6,375	1.8
その他	1.1	12,666	3.9	11,732	3.4
総資産		326,953	100.0	344,998	100.0

(出所)生命保険協会「生命保険事業概況」(2014年度)ほか

高度成長期の一九八〇年度末と比べると貸付金の割合が約五〇%低下し、その分を国債と外国証券等で埋めてきた形になっています。

特に最近の傾向としては、国内金利の低下を背景に、外国証券等へ傾斜を強めている姿が浮かび上がります。

3　生命保険会社の仕組み

相互会社という仕組み

しばらく前に、「相互会社」であった第一生命の株式会社化が大きな注目を集めました。相互会社とは一体どういうものでしょうか。

表 7–5　株式会社と相互会社の比較

	相互会社	株式会社
性　質	営利も公益も目的としない中間法人(保険業法に基づき設立される)	営利を目的とする法人(会社法に基づき設立される)
コーポレート・ガバナンス(意思決定機関)	総代会 (社員総会に代わるべき機関)	株主総会
資　本	会社の債権者である基金拠出者が拠出(他人資本)	会社の構成員である株主が出資(自己資本)
資本の調達	特定目的会社(SPC)を使った証券化手法による基金の市場調達等も行われているが，自由度小	容　易
業務提携, M & A, 持株会社の活用	相互会社同士の合併等も可能であるが，自由度小	容　易
損益・会社財産の帰属	社　員(＝契約者)	株　主
保険関係	相互保険 (社員関係と保険関係が同時に発生する．なお，非社員関係の契約も一定範囲で認められている)	営利保険 (保険契約により保険関係が発生する)
代表訴権	社員(契約者)の単独権	株主の単独権

(出所)金融庁 HP「金融審議会金融分科会」(2014 年 1 月 16 日)資料

生命保険事業を営むためには内閣総理大臣の免許を受ける必要がありますが、保険業法では株式会社か相互会社を選択するよう求めています。

相互会社は保険会社のみに認められている会社形態です。生命保険の仕組みそのものが相互扶助を前提としているので、こうした会社形態がロンドンで始まったのです。

相互会社は、生命保険を買った人が社員＝オーナー（株主をイメージしてください）となります。スイスの州で行われている直接民主主義と同じ発想です。したがって、社員総会が意思決定機関になりますが、大会社では何百万人、何千万人もいる全社員が一堂に会することは物理的にも不可能なので、「総代」と呼ばれる社員代表によって構成される総代会が株式会社における株主総会と同じ役割を果たしています。

総代は無作為抽出や立候補による選挙で選出されるのではなく、わが国では、事実上会社の経営陣が総代を選んでいますので、経営陣が選んだ総代が経営陣を選ぶという、ちぐはぐな構造になっています。なお、株式会社と相互会社を比較すると表7-5のようになります。

相互会社から株式会社への転換

株式会社と相互会社の転換は双方向で可能ですが、グローバルにみれば相互会社から株式会社へ転換するケースがほとんどです。これは、コーポレート・ガバナンスの観点や海外展開の容易さなどが主たる理由だと考えられます。

ところが日本は、大手四社のうち三社が相互会社の形態をとっている世界でも稀な国です。明治時代に生命保険会社が誕生したときはほとんどが株式会社でしたが、戦後の再出発のときに相互会社を選択したことがいまだに尾を引いているようです。

相互会社は損益がすべて社員に帰属するので有利だという人もいますが、この意見は実は相互会社の仕組みを述べているにすぎません。相互会社と株式会社が常に同じだけ儲かるとしたら(この前提そのものが成り立つ保証はどこにもありません)、その儲けを分けるとき、どちらが有利かという机上の議論をしているだけで、あまり意味があるとは思えません。

4　共済、少額短期保険との違い

保険契約とは何か

最後に、生命保険と、「共済」や「少額短期保険」との関係を整理しておきたいと思います。生命保険を買うということは、生命保険会社と保険契約を締結するということです。では、

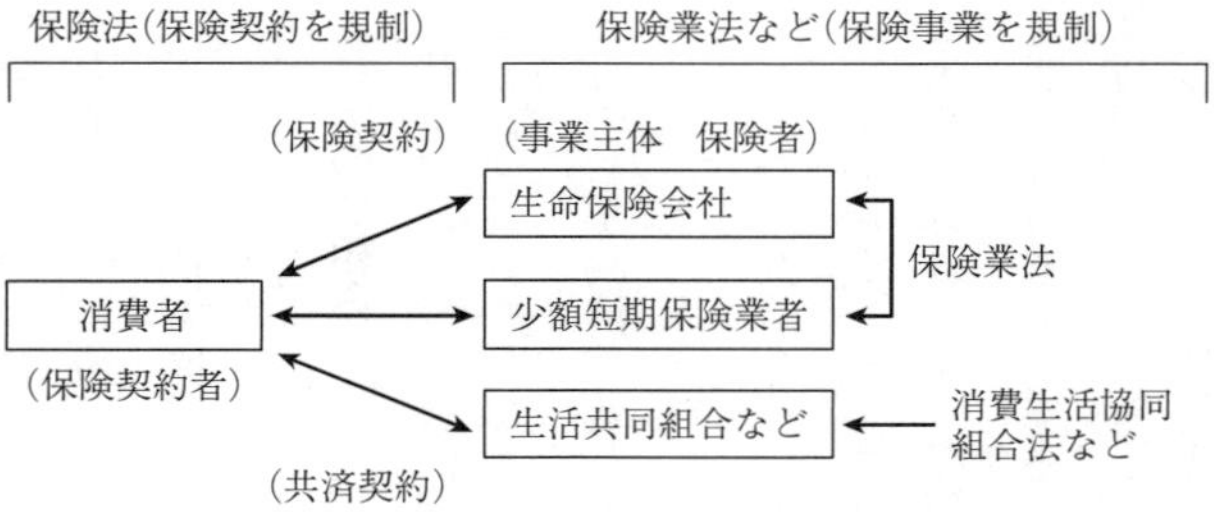

図 7-2　保険契約者と保険者の関係

保険契約とは何でしょうか。

保険契約を定めた商法の特別法である保険法（第二条一号）には、次のような定義があります。

> 保険契約　保険契約、共済契約その他いかなる名称であるかを問わず、当事者の一方が一定の事由が生じたことを条件として財産上の給付（生命保険契約及び傷害疾病定額保険契約にあっては、金銭の支払に限る。）を行うことを約し、相手方がこれに対して当該一定の事由の発生の可能性に応じたものとして保険料（共済掛金を含む。）を支払うことを約する契約をいう。

つまり、保険も共済もまったく同じ保険契約だと、保険法はいっているのです。

生命保険サービスを提供する事業主体（保険者）としては、生命保険会社のほかに「生活協同組合」や「少額短期保険業者」などがあります。そして、これらの事業主体の業務を規制する法律には保険業法や消費生活協同組合法などがあります。

以上の関係を図示すると図7-2のようになります。

共済の仕組み

共済には、生活協同組合が行う県民共済の他、農協の行うJA共済や全労済の行うこくみん共済など、さまざまなものがあります。ボリュームでみれば、日本の生命保険マーケットの約三分の一が共済、残りの三分の二が生命保険会社によって担われているといわれています。

ここでは、共済の代表例として、生活協同組合が提供している県民共済を取り上げてみましょう。県民共済の仕組みはとても簡単です。生協の組合員から年齢・性別にかかわらず一律に一定額の掛金を集めます。そして、これに対する給付として、死亡時の給付金三〇〇万円などと決めておきます。保障期間は一年。総収入で総給付を賄って、剰余が生じれば、それを均等分割して組合員に返金(配分)します。逆にマイナスが出れば、翌年の掛金を上げることで調整します。

したがって、県民共済は若い組合員が増加し続ける限りにおいては問題は生じません。ただ

表 7-6　保険会社と少額短期保険業者の比較

	保険会社	少額短期保険業者
参入要件	免許制	登録制(財務局)
最低資本金	10 億円	1,000 万円(プラス 1,000 万円＋αの供託)
取扱商品	●原則無限定(高額，長期，運用型も可) ●1 法人としては，損害保険，生命保険のどちらか一方のみに免許を限定	●少額，短期，掛捨てに限定 ●保険期間 損害保険：2 年 生命保険・医療保険：1 年 ●保険金額の上限 疾病による重度障害・死亡：300 万円 疾病・傷害による入院給付金等：80 万円 傷害による重度障害・死亡：600 万円 損害保険：1,000 万円
資産運用	原則自由(株式，不動産，融資等も可)	安全資産(現金，国債)
事業規模	規制なし	年間収入保険料：50 億円以下
セーフティネット	あり(生命保険契約者保護機構)	なし

し、高齢化が急激に進むような事態になれば支払過多となり、制度の運営に不安が生じる可能性は残ります。生命保険料と共済掛金を比較すると、保険料の積み立てを一切行わない県民共済がその分だけ安くなるという理屈になります。この安さこそが、県民共済が普及している大きな原因と言えるでしょう。

なお、JA共済のような全国的で大規模な共済となると、生命保険と同様に性別、年齢別の平準保険料を採用し保険料の積み立てを行いますので、生命保険とほぼ同レベルの保険料となります。

少額短期保険とは何か

かつての日本では、県民共済のような法律(根拠法。消費生活協同組合法)に基づくきちんとした共済だけではなく、俗に無認可共済と称された、法律に定めのない共済がたくさん存在していました。

これらの無認可共済の中には、消費者保護の観点からみるとかなり不安定なものも存在していたので、金融庁は少額短期保険業者という受け皿を用意して健全化を図りました。少額短期保険ではペット保険が有名ですが、無認可共済がベースになっていますので取扱商品が少額、短期、掛け捨てに限定されているのが大きな特徴です。保険会社との相違を整理したのが表7−6です。

コラム③　定期死亡保険と収入保障保険

定期死亡保険と何が違うのか

お客さまからよく受ける質問の一つに、「収入保障保険と定期死亡保険の違いを教えてください」というのがあります。

収入保障保険とは第3章で少し触れましたが、図C3-1のように保障金額が年を経るにつれて逓減していく保険です。「保険は三角にしなさい」ということで、たとえば専業主婦の方を対象に次のようなセールストークで販売されています。

「ご主人から毎月生活費をいくらもらっていますか?」

「一五万円です」

「ではご主人が定年になる六〇歳まで毎月一五万円、確実にもらえる保険があればそれで大丈夫ですね」

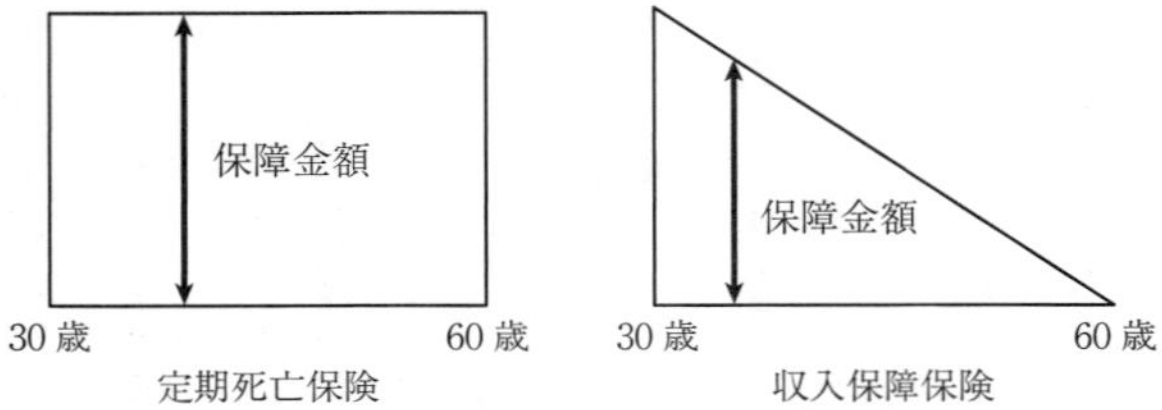

図C3-1　定期死亡保険と収入保障保険

基本的な考え方は、必要な生活費は年を経るにつれて逓減していくというものですから、前記の例のようにパートナーが一生、専業主婦として過ごしたいと考えているような場合に、ご主人が残された家族の日々の生活費をカバーする目的で自分にかける保険としてはとても合理的で良い商品だと思います。

ところで、筆者は一般には収入保障保険より、定期死亡保険の方が好ましいと考えています。それはなぜでしょうか。

筆者は、前の会社でロンドンと東京で連続して六年間、国際業務に携わっていました。おそらく一〇〇社以上の世界の生命保険会社の幹部の方々と意見交換を行ったと思います。その時に得心したことは、死亡保障の本質は「次の世代を育てるための教育費の担保にある」ということでした。世界では、人は大人になれば「自分のご飯は自分で稼いで食べる」ことが当たり前ですから、生活費の担保より教育費の担保に目が向くのはごく自然なことです。

日本の教育費の現状はどうなっているのでしょう。既述の表5-1(一三〇頁)のとおり、国公立でも大学卒業までに一六一七万円、ずっと私立なら二九五三万円もかかります。これを絵に描いてみると図C3-2の棒グラフのようになります。

三〇歳で結婚して三五歳で子どもが幼稚園に入り、五〇歳で大学に入ると仮定してそれぞれの入学時点で必要な保障金額を示してみました。一目で分かることは、教育費を賄うための財源としてみたときに、収入保障保険では、保障が足りないということです(なお収入保障保険は、保険金を一時金で受け取る場合が大半であるといわれています)。

確かに必要な保障金額は少しずつ逓減しますが、国公立の場合は二〇〇〇万円か一五〇〇万円の定期死亡保険の方が現実の教育費のニーズに合っているのです。

私立の場合には、たとえば最初の一〇年は三〇〇〇万円の定期死亡保険を買って四〇歳の更新時点で二〇〇〇万円の定期死亡保険に逓減する方が現実の教育費のニーズに合うと思いませんか。

以上が、筆者が定期死亡保険の方が子育て世代には向いていると考える理由のすべてです。収入保障保険を買うときには、自分のニーズが生活費なのか教育費なのか再確認してみることをおすすめします。

すべて公立の場合の必要教育費

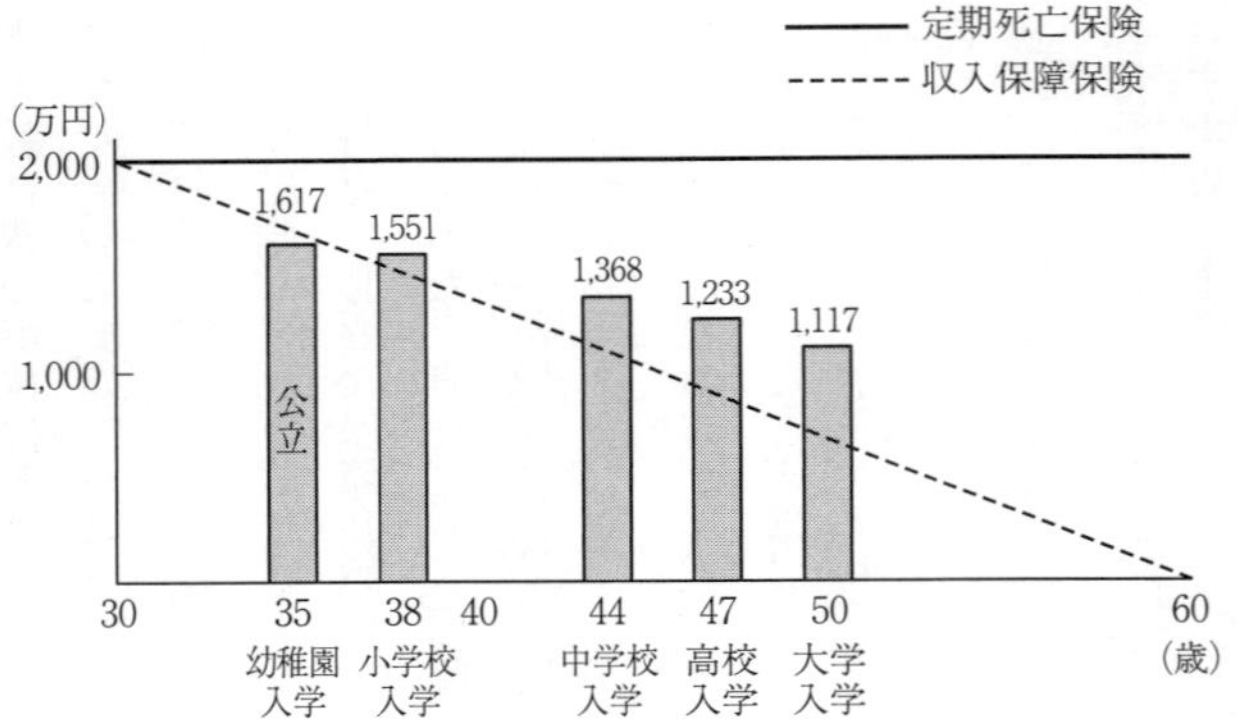

すべて私立の場合の必要教育費

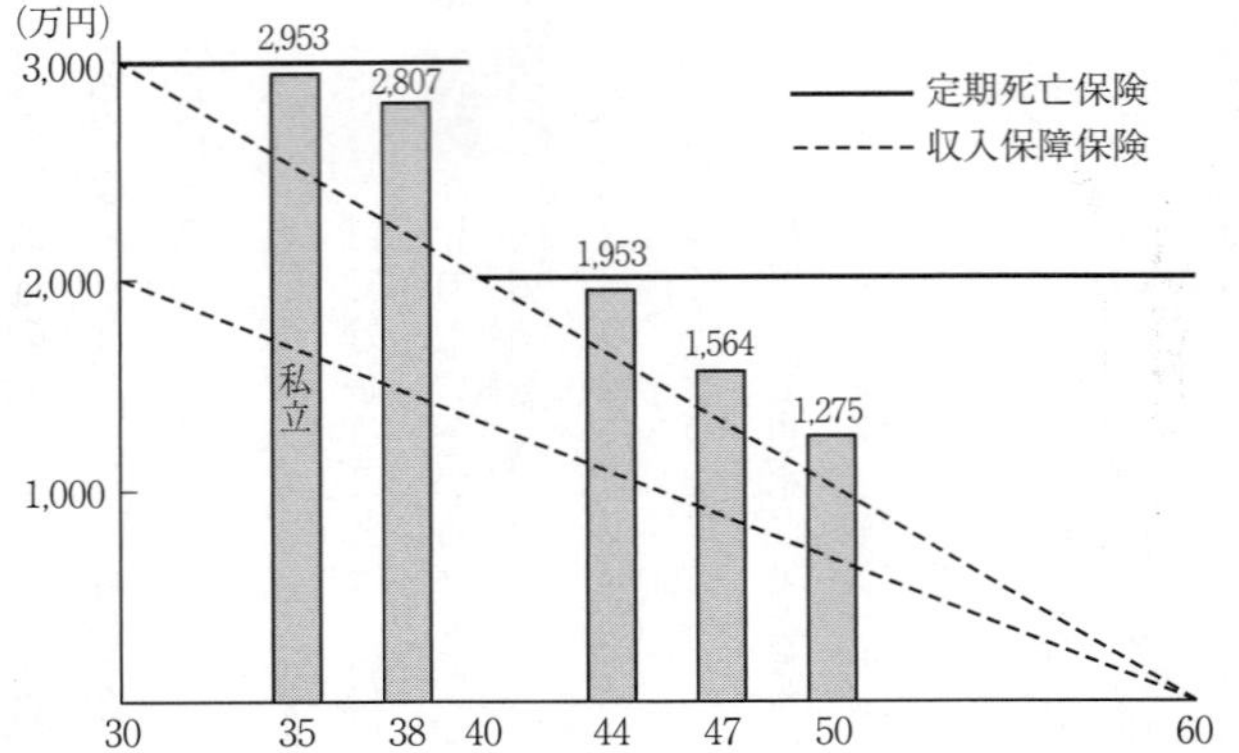

図 C3-2　教育費と保険金の関係

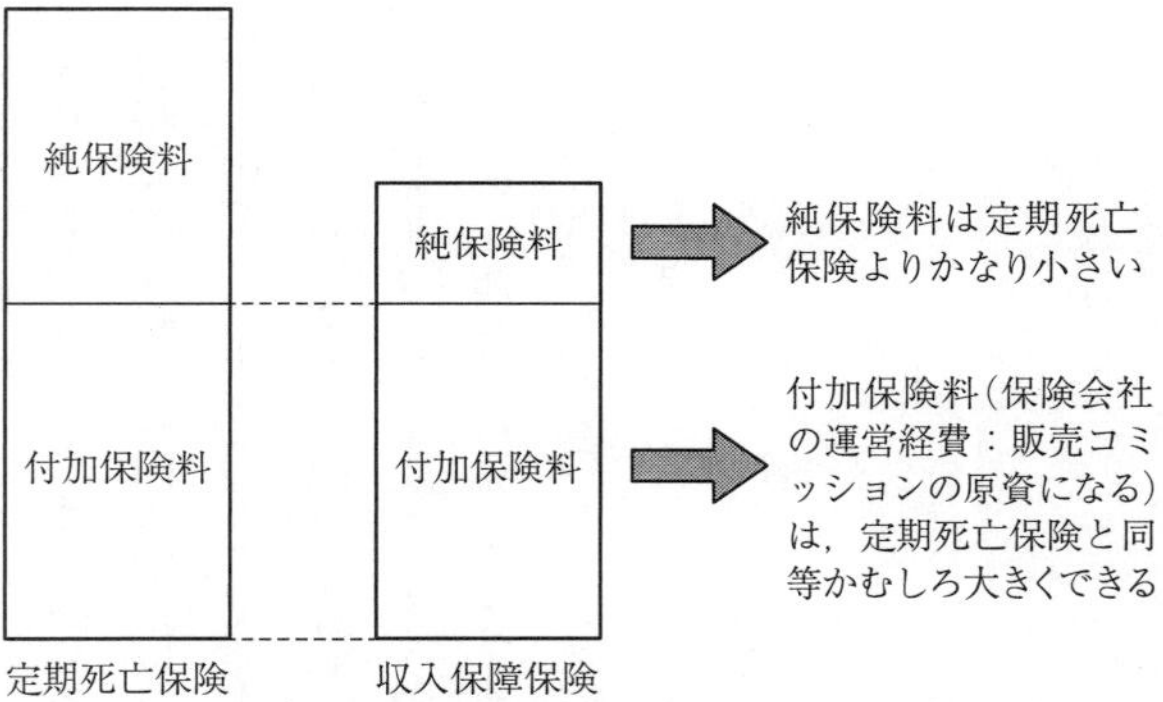
純保険料
付加保険料
純保険料
付加保険料
純保険料は定期死亡保険よりかなり小さい
付加保険料(保険会社の運営経費：販売コミッションの原資になる)は，定期死亡保険と同等かむしろ大きくできる
定期死亡保険
収入保障保険

図 C3–3　定期死亡保険と収入保障保険の保険料の比較

収入保障保険が売れる理由

では、なぜ収入保障保険が売れているのでしょうか。

生命保険は年をとるとともに高くなります。一六七頁の生命表をもう一度みてください。

これをみると、生命保険の製造原価である純保険料は三〇歳から五〇歳になると四〜五倍にハネ上がることがよく分かります(死亡率が四〜五倍になれば、純保険料も四〜五倍になります)。

収入保障保険は純保険料が高くなる高齢期に保障金額が(大きく)下がる構造となっているので、定期死亡保険に比べれば製造原価(純保険料)をおそらく半分以下に下げることができる商品です。全体の営業保険料を安くして、なおかつ図C3–3のようにコミッションを大きくすることができる構造をもっているのです。

これが収入保障保険が売れている最大の理由ではないでしょうか。つまり、売り手側にとってメリットがとても大きい商品なのです。

現時点で保険料の内訳（純保険料と付加保険料の割合）を開示しているのはライフネット生命だけなので、以上はあくまで筆者の推測です。ただ、生命保険会社や乗合代理店の皆さんは、お客さまに販売する営業保険料が安い割には、収入保障保険のコミッションが大きい（＝付加保険料が大きい）ことを、よく分かっていると思います。乗合代理店が増えてくる中で、これからは、「消費者に対するベストアドバイス義務と代理店としてご飯を食べていく上でのベストコミッションのバランスをどうとるか」という問題は避けては通れない課題になってくると思います。筆者は、アメリカのように、お客さまが要求したときは販売コミッションを開示するという方法が一番ではないかと思っています。

第8章　生命保険会社がつぶれたらどうなるか

1　消費者保護の仕組み

生命保険会社がもし破綻したら

自分が契約している生命保険会社がもしつぶれたら、自分の生命保険契約はどうなってしまうのか心配している人も多いと思います。少し難しくなるかもしれませんが、最後の章では、大切な皆さんの生命保険契約を守る基礎知識として、生命保険会社の破綻について触れてみたいと思います。

銀行と保険はどちらも内閣総理大臣の免許事業で、銀行法や保険業法によって規制されており、法律で消費者保護のため特別の仕組み(セーフティネット)がそれぞれに定められています。銀行など預金を取り扱う金融機関では、預金保険機構が元本一〇〇〇万円までの預金とその利息を一〇〇%保護しています。ただし、当座預金は全額保護されます。なお、邦銀の外国支店や外国銀行の日本支店は対象外です。預金は元本が一〇〇〇万円まで保護されていますので、預け先の銀行がつぶれても預金先を替えればいいだけですから、消費者保護の仕組みはとてもシンプルです。

　これに対して、生命保険会社がつぶれた場合は、事情が異なります。ほかの生命保険会社で新しく生命保険を買いなおそうとしても年齢が高くなっているので保険料は高くなりますし、また健康状態が悪化していて契約を断られるケースも考えられます。つまり、生命保険の消費者保護の基本は、元の契約を存続させることにあるのです。

　生命保険は「生命保険契約者保護機構」(以下、保護機構)によって保護されます。生命保険会社が破綻したら、保護機構が破綻した会社の生命保険契約を引き受ける救済会社を探して資金援助を行うか、また運悪くそのような救済会社がみつけられなかった場合には、保護機構自らが破綻した会社の生命保険契約を引き受けるという仕組みになっています。

　破綻した生命保険会社が更生手続きに入る場合は、保護機構が更生手続きを行います。保護されるのは、預金の一〇〇%に対して、契約者の持分である責任準備金の九〇%となっていますが、この九〇%の意味はそれほど簡単ではありません。後で詳述します。

これまでの生保破綻と救済

　日本ではバブルの崩壊以降、表8-1のとおり生命保険会社八社が破綻しました。

　二〇〇八年に破綻した大和生命の例を引いて消費者保護の仕組みを説明します(図8-1)。

大和生命が破綻した時点では、負債二五九二億円に対して、資産が約一九四九億円。欠損部分が約六四三億円ありました。欠損を抱えたままではどの生命保険会社も救済の名乗りをあげるはずがありません。

では、この欠損六四三億円をどのように穴埋めしたかというと、負債の大部分は責任準備金

戦後初の生保破綻.「こういうケースは最初で最後」と三塚博蔵相(当時) 現社名：プルデンシャル
日産生命破綻後にできた「生命保険契約者保護機構」から資金援助を受ける 現社名：ジブラルタ
保護機構から資金援助を受ける 現社名：マニュライフ
保護機構から資金援助を受ける 大和生命が引き受けたが再度破綻 現社名：プルデンシャルジブラルタファイナンシャル
更生特例法を初めて適用，保護機構から資金援助受けず．以下の２社も同様 現社名：ジブラルタ
千代田生命の翌週に破綻 現社名：ジブラルタ
買収に名乗りをあげた会社を競わせ，責任準備金削減を回避 現社名：T&D フィナンシャル
与謝野馨経財相「特異な経営モデル．他生保は問題ない」 現社名：プルデンシャルジブラルタファイナンシャル

表 8-1　これまでの生命保険会社の破綻

社　名	破綻年月	総資産(直前決算)(兆円)	公表SM比率(直前決算)(%)	責任準備金削減(%)	引き下げ後の予定利率(%)	契約者保護機構からの資金援助(億円)
日産生命	97年4月	2.2	—	なし	2.75	(生保業界拠出2,000億円)
東邦生命	99年6月	2.7	154.3	10	1.50	3,800
第百生命	00年5月	1.7	304.6	10	1.00	1,450
大正生命	00年8月	0.2	62.7	10	1.00	262
千代田生命	00年10月	3.5	221.0	10	1.50	0
協栄生命	00年10月	4.6	263.1	8	1.75	0
東京生命	01年3月	1.1	446.7	なし	2.60	0
大和生命	08年10月	0.28	555.4	10	1.00	278

(出所)朝日新聞(2003年5月2日)に一部加筆修正

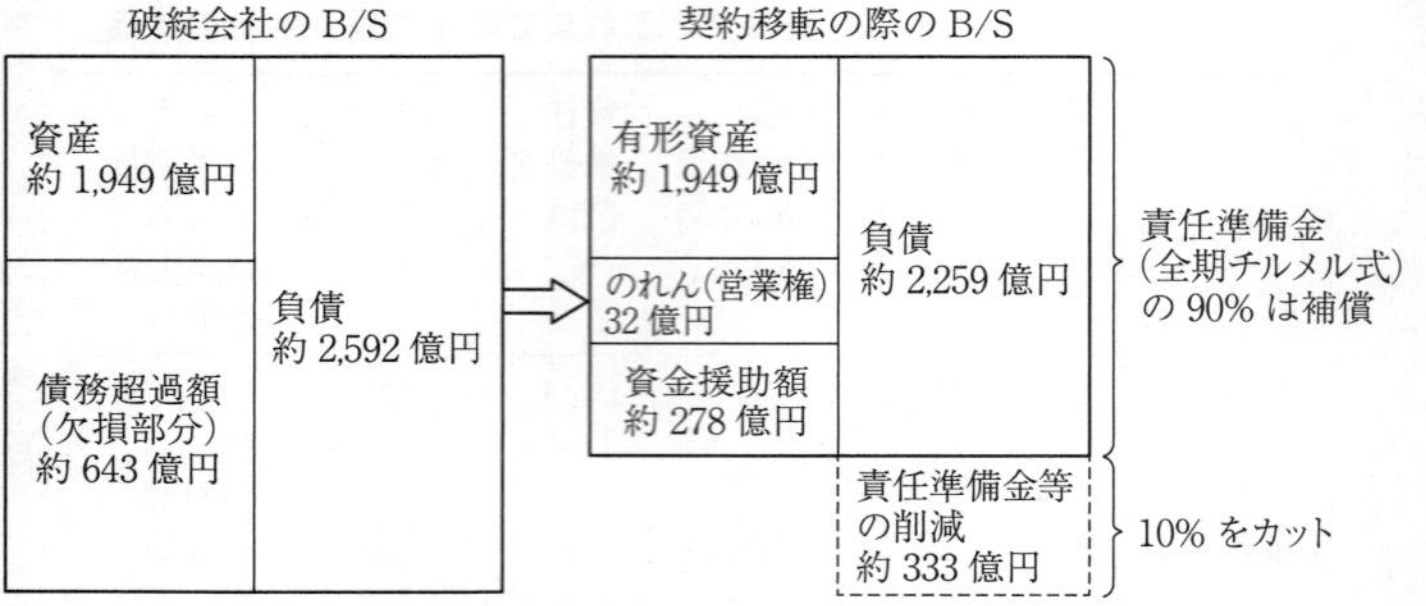

(出所)プルデンシャルジブラルタファイナンシャル HP

図 8-1　保護機構の行う資金援助(大和生命の例)

など将来の保険金等の支払いに備えた積立金ですから、ここを一〇%カット(九〇%補償というルールからカット幅の上限は一〇%となります)して、まず負債三三三億円をカットしました。次に資産ですが、のれん(営業権)を三二億円で計上しました。そして、保護機構が二七八億円の資金援助を行うことで、欠損はなくなり、無事契約の移転が完了しました。このれんの三二億円は収益を上げて償却していかなくてはならないので、結果的には契約者の負担になります。六四三億円の欠損は、契約者が約六割弱、保護機構が約四割強を負担して穴埋めしたことになります。

ここで注意しなくてはならないのは、「責任準備金の九割補償」という原則の意味です。実は責任準備金の積み方にはいくつかの方法があります。保護機構は、破綻会社の責任準備金の積み方を、最も積立金が少なくてすむ方式（全期チルメル式）に洗い替えた上で、その九割を補償しました。

大和生命の負債は約二五九二億円でしたから、その一〇％は二五九億円のはずです。ところが、実際には一三％近い三三三億円がカットされました。これは、二五九二億円の責任準備金を全期チルメル式に洗い替えることで二五一〇億円まで下げて八二億円小さくし、この小さくなった額の九割にあたる二二五九億円を補償したからです。

このように契約者の持分（責任準備金）をまず最低レベルに洗い替えるので、契約者の実質負担は一〇％より大きくなってしまうことを忘れてはいけません。

どのぐらい保険金が削減されるか

破綻時の責任準備金が一〇％カットされることと、将来もらえるはずの保険金がどの程度カットされるかは、まったく別の問題となります。短絡的に「保険金は九割はもらえるのでしょう」などと考えてはいけません。さらに小さくなった実例がたくさんあります。なぜなら、破綻した後は、予定利率も引き下げられたからです。

破綻した生命保険会社各社の契約者に対する「保険契約の変更のお知らせ」をみると、終身死亡保険の保険金が当初の三分の一以下、すなわち、七割も削減された事例もあるのです。こ

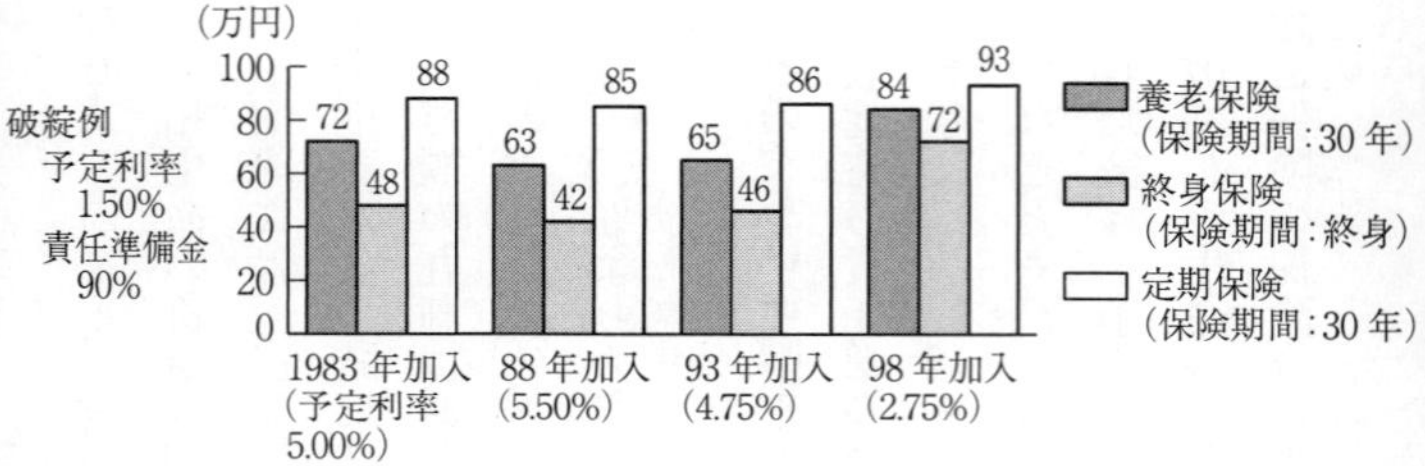

（注）30 歳加入（男性），保険金 100 万円，保険料払込期間 30 年間の例
（出所）朝日新聞（2003 年 5 月 16 日）

図 8-2　破綻時における受取保険金額の例

の削減幅は、実はまちまちで、商品の性格や契約時の予定利率などにも左右されます。ある保険会社の実例を挙げると、責任準備金の小さい掛け捨ての定期死亡保険が最大一五％の保険金削減となったのに対して、責任準備金が大きくなる終身死亡保険では最大五八％の保険金削減がなされています（図8-2。一九八八年加入の場合）。

いずれも契約時の予定利率が五・五％の時代の契約で、予定利率が四％引き下げられ一・五％までダウンした結果ですが、いかに予定利率引き下げの影響が大きいか数字が如実に物語っています。

現在の標準利率は一・〇％（二〇一五年四月以降。ただし、一時払いの生命保険は〇・五％）なので、たとえ、これから破綻する生命保険会社が出てきたとしても予定利率引き下げの余地はほとんどない状況です。したがって、現時点では、責任準備金の小さい掛け捨ての生命保険（定期死亡保険など）であれば、保険金はほぼ一〇〇%保護されると考えても大丈夫だと思います。

生命保険会社はつぶれにくくなってきている

一九九七年から二〇〇八年まで続いた世界最大規模の日本の生保破綻は、監督官庁である金融庁にも大きな反省をうながしました。また、二〇〇八年のリーマン・ショックで、当時世界最大規模の保険会社であったAIGグループ(アメリカ)が破綻の瀬戸際まで追い詰められ、世界の金融市場に激震が走ったことは、記憶にまだ新しいことでしょう。

こうしたこともあって、金融のグローバリゼーションに伴い、保険監督者国際機構(IAIS：International Association of Insurance Supervisors)での連携がますます密になってきています。各国の規制当局が、みんなで注意深く保険会社を監督しながら保険会社の破綻を防ごうと、国際社会全体で考えるようになってきたのです。

その意味では、保険監督上の国際的な知見の交換も、以前よりはるかに進んでおり、検査と監督の一体化を進めるとともに、生命保険会社に対して統合的リスク管理(ERM：Enterprise Risk Management)を推奨するようになってきました。国際的なトレンドとして、生命保険会社はひと昔前に比べれば、つぶれにくくなってきていると思います。後述する「ソルベンシー・

マージン比率」(SM比率：Solvency Margin Ratio)が、世界の生命保険行政のキーワードとなっていますが、日本においては基準値の二〇〇％を割り込めば金融庁が改善計画を提出させるなどして、監督を段階的に強化する仕組み(早期是正措置)が整えられています。また、二〇〇％以上の会社であっても、実質的に問題があると金融庁が判断すれば、個別に監督指導を強めて対応策などの提出を求める早期警戒制度も導入されています。

2　ソルベンシー・マージン比率とは何か

比率が高い保険会社は安全

ソルベンシー・マージンとは支払い余力の意味で、生命保険会社の健全性をみる世界共通の重要な尺度(指針)です。その考え方は図8-3のとおりです。

また、ソルベンシー・マージン比率の算出式は次のとおりです。

支払い余力(資本金など)総額÷(リスクの合計額×一／二)×一〇〇＝ソルベンシー・マージン比率

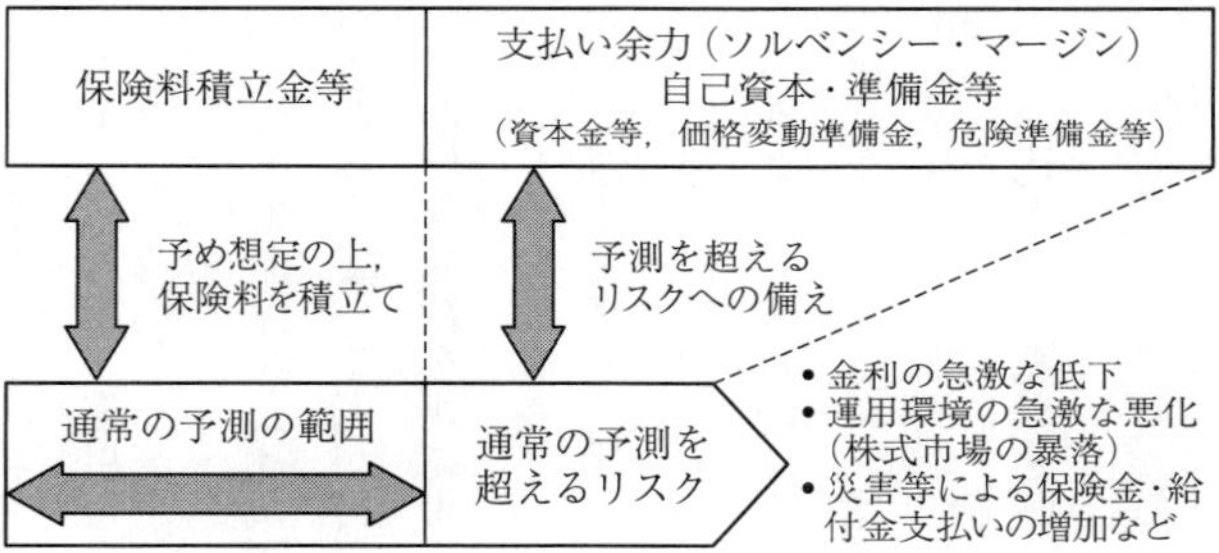

図 8-3　ソルベンシー・マージンの考え方

生命保険会社の安全性を判断するのは、プロのアナリストでもなかなか難しい一面があり、正直いって、損益計算書(P/L)や貸借対照表(B/S)をいくら眺めても、ふつうの市民では限界があると思います。かなり荒っぽい見方ではありますが、一般にはソルベンシー・マージン比率の高い生命保険会社の方がより安全だと考えていいと思います。ちなみに筆者は、ソルベンシー・マージン比率に加えて、次の五点で生命保険会社をみています。

- トップライン(保険料収入)が伸びているか
- 事業費はコントロールされているか
  (トップラインの伸び＞事業費の伸びが基本)
- 保険会社の基本的な利益である危険差益が伸びているか
  (危険差益の伸び＞トップラインの伸びならひと安心)

● 営業キャッシュフローが伸びているか
● 資産運用で過度なリスクを取っていないか

二つの生命保険会社の間で、商品・サービスに大差がなくどちらの生命保険会社の商品を買おうか迷っている人が目の前にいたら、筆者はソルベンシー・マージン比率を調べて、高い方の生命保険会社を選ぶようアドバイスをしています。

二〇〇八年に破綻した大和生命の直前の決算のソルベンシー・マージン比率が五五五・四%あったので、ソルベンシー・マージン比率は信用できないという主張もありますが、大和生命は決算後の破綻直前の四半期報告ではソルベンシー・マージン比率を開示していませんでした。というより、数値が急落して開示できなくなったとみるのが正しいのではないでしょうか。ソルベンシー・マージン比率の算出方法は、国際的にも、日本でも、順次改善され、ますます精緻なものになってきています。二〇一五年三月末時点の生命保険会社各社のソルベンシー・マージン比率の一覧表を載せておきましたので参考にしてください。

表 8-3　各社のソルベンシー・マージン比率(2015 年 3 月末)

生命保険会社	ソルベンシー・マージン比率
アリアンツ生命保険	13872.90%
みどり生命保険	6042.10%
ハートフォード生命保険	4875.30%
メディケア生命保険	4076.40%
クレディ・アグリコル生命保険	3206.20%
アクサダイレクト生命保険	3190.20%
東京海上日動あんしん生命保険	3122.20%
ソニーライフ・エイゴン生命保険	3033.50%
ソニー生命保険	2555.00%
ライフネット生命保険	2244.70%
ネオファースト生命保険	2064.10%
チューリッヒ生命	1709.70%
損保ジャパン日本興亜ひまわり生命保険	1676.30%
かんぽ生命保険	1641.10%
三井住友海上あいおい生命保険	1429.90%
楽天生命保険	1403.10%
大同生命保険	1363.70%
T&D フィナンシャル生命保険	1271.90%
AIG 富士生命保険	1188.70%
富国生命保険	1169.30%
マニュライフ生命保険	1127.90%
SBI 生命保険	1120.30%
明治安田生命保険	1041.00%
太陽生命保険	993.90%
エヌエヌ生命保険	990.30%
メットライフ生命保険	956.70%
住友生命保険	944.20%
日本生命保険	930.80%
第一生命保険	913.20%
アメリカンファミリー生命保険	898.00%
三井住友海上プライマリー生命保険	879.70%
ジブラルタ生命保険	859.00%
プルデンシャル生命保険	844.00%
三井生命保険	812.40%
PGF 生命	753.10%

オリックス生命保険	746.40%
マスミューチュアル生命保険	729.70%
アクサ生命保険	695.30%
朝日生命保険	667.70%
第一フロンティア生命保険	632.90%
カーディフ生命保険	628.40%
フコクしんらい生命保険	617.20%

(注)ソルベンシー・マージン比率は単体ベース
(出所)各社，四半期情報資料

おわりに――さらに生命保険を学ぶために

本書を読んで、もう少し体系的に生命保険のことを学びたいと思ったら、拙著『生命保険入門　新版』(岩波書店、二〇〇九年)がおすすめです。現在、六刷で、データは二〇一四年に洗い替えがなされています。ニッセイ基礎研究所『概説　日本の生命保険』(日本経済新聞出版社、二〇一一年)と読み比べてみてください。

日本の医療や年金などのセーフティネットについては、『厚生労働白書(平成二四年版)』が、読みやすく分かりやすくて出色の出来だと思います。厚生労働省のHPで読むことができます。また年金については、太田啓之『いま、知らないと絶対損する年金50問50答』(文春新書、二〇一一年)が、現在出版されている類書の中ではベストだと思います。

次に、人生で一番大切なことの一つは「家計を上手にマネージすること」、もっと平たくいえば、お金の使い方をよく考えることにあります。田村正之『老後貧乏にならないためのお金の法則』(日本経済新聞出版社、二〇一五年)は、ベテランの記者が、問答形式で分かりやすく解説してくれます。栗本大介『40代からのお金の教科書』（ちくま新書、二〇一五年）は、現役のファイナンシャル・プランナーが書いたとても読みやすい良書です。

筆者は本書の中で「現在のゼロ金利の下では、投資信託が面白いと思う」という私見を述べました。そうはいっても、投資信託に馴染みの薄い皆さんも多いと思います。投資信託を理解するには、たとえば、新井和宏『投資は「きれいごと」で成功する』（ダイヤモンド社、二〇一五年）や、藤野英人『投資バカの思考法』（SBクリエイティブ社、二〇一五年）を読んでみるといいのではないでしょうか。

世界の生命保険は、日々、変化しています。日本で最大の生命保険のシンクタンク、ニッセイ基礎研究所は、ウェブサイト（http://www.nli-research.co.jp/c_report/insurance/）で、さまざまなレポートを開示しています。生命保険に関する世の中の動きを知るためには好適です。また、生命保険に限定されませんが、消費者の立場から提言を行っているフォスター・フォーラム（良質な金融商品を育てる会）のウェブサイト（http://www.fosterforum.jp/）も有益だと思います。

＊　＊　＊　＊　＊

人間の幸せとは何でしょうか。筆者は、ふつうにご飯が食べられて（たまにはお酒が飲めて）、暖かい寝ぐらがあり、愚痴をこぼせるパートナーや友人がいて、安心して子どもが産めて、元気なうちはいつまでも働けるような生活(社会)、それが人間の幸せだと思っています。

生命保険というレバレッジの高い商品を上手に活用して、たった一度きりの人生を存分に楽しんで生きてほしい——。人生の楽しさはおそらく喜怒哀楽の総量(絶対値の大きさ)にあるのです。

本書が、そのために少しでも皆さんのお役に立つのであれば、著者としてこれほど嬉しいことはありません。

出口治明

1948年，三重県生まれ．京都大学法学部卒業．1972年，日本生命保険相互会社入社．日本興業銀行(出向)，生命保険協会財務企画専門委員会委員長(初代)，ロンドン事務所長，国際業務部長などを経て，2006年に日本生命保険相互会社を退職．東京大学総長室アドバイザー，早稲田大学大学院講師などを経て，現在，ライフネット生命保険株式会社・代表取締役会長兼CEO．
著書に『生命保険入門　新版』(岩波書店)，『直球勝負の会社』(ダイヤモンド社)，『「働き方」の教科書』(新潮社)など多数．

生命保険とのつき合い方　岩波新書(新赤版)1567

2015年10月20日　第1刷発行

著　者　出口治明《でぐちはるあき》

発行者　岡本　厚

発行所　株式会社　岩波書店
〒101-8002 東京都千代田区一ツ橋2-5-5
案内 03-5210-4000　販売部 03-5210-4111
http://www.iwanami.co.jp/

新書編集部 03-5210-4054
http://www.iwanamishinsho.com/

印刷・理想社　カバー・半七印刷　製本・中永製本

ISBN 978-4-00-431567-4　Printed in Japan

岩波新書新赤版一〇〇〇点に際して

ひとつの時代が終わったと言われて久しい。だが、その先にいかなる時代を展望するのか、私たちはその輪郭すら描きえていない。二〇世紀から持ち越した課題の多くは、未だ解決の緒を見つけることのできないままであり、二一世紀が新たに招きよせた問題も少なくない。グローバル資本主義の浸透、憎悪の連鎖、暴力の応酬――世界は混沌として深い不安の只中にある。

現代社会においては変化が常態となり、速さと新しさに絶対的な価値が与えられた。消費社会の深化と情報技術の革命は、種々の境界を無くし、人々の生活やコミュニケーションの様式を根底から変容させてきた。ライフスタイルは多様化し、一面では個人の生き方をそれぞれが選びとる時代が始まっている。同時に、新たな格差が生まれ、様々な次元での亀裂や分断が深まっている。社会や歴史に対する意識が揺らぎ、普遍的な理念に対する根本的な懐疑や、現実を変えることへの無力感がひそかに根を張りつつある。そして生きることに誰もが困難を覚える時代が到来している。

しかし、日常生活のそれぞれの場で、自由と民主主義を獲得し実践することを通じて、私たち自身がそうした閉塞を乗り超え、希望の時代の幕開けを告げてゆくことは不可能ではあるまい。そのために、いま求められていること――それは、個と個の間で開かれた対話を積み重ねながら、人間らしく生きることの条件について一人ひとりが粘り強く思考することではないか。その営みの糧となるものが、教養に外ならないと私たちは考える。歴史とは何か、よく生きるとはいかなることか、世界そして人間はどこへ向かうべきなのか――こうした根源的な問いとの格闘が、文化と知の厚みを作り出し、個人と社会を支える基盤としての教養となった。まさにそのような教養への道案内こそ、岩波新書が創刊以来、追求してきたことである。

岩波新書は、日中戦争下の一九三八年一一月に赤版として創刊された。創刊の辞は、道義の精神に則らない日本の行動を憂慮し、批判的精神と良心的行動の欠如を戒めつつ、現代人の現代的教養を刊行の目的とする、と謳っている。以後、青版、黄版、新赤版と装いを改めながら、合計二五〇〇点余りを世に問うてきた。そして、いままた新赤版が一〇〇〇点を迎えたのを機に、人間の理性と良心への信頼を再確認し、それに裏打ちされた文化を培っていく決意を込めて、新しい装丁のもとに再出発したいと思う。一冊一冊から吹き出す新風が一人でも多くの読者の許に届くこと、そして希望ある時代への想像力を豊かにかき立てることを切に願う。

（二〇〇六年四月）

岩波新書より

政治

多数決を疑う 社会的選択理論とは何か　坂井豊貴
集団的自衛権とは何か　豊下楢彦
安保条約の成立　豊下楢彦
集団的自衛権と安全保障　豊下楢彦・古関彰一
外交ドキュメント 歴史認識　服部龍二
日米〈核〉同盟 原爆、核の傘、フクシマ　太田昌克
日本は戦争をするのか　半田滋
「戦地」派遣 変わる自衛隊　半田滋
自衛隊 変容のゆくえ　前田哲男
アジア力の世紀　進藤榮一
民族紛争　月村太郎
自治体のエネルギー戦略　大野輝之
政治的思考　杉田敦
現代日本の政党デモクラシー　中北浩爾
サイバー時代の戦争　谷口長世
現代中国の政治　唐亮
政権交代論　山口二郎
戦後政治の崩壊　山口二郎
日本政治 再生の条件　山口二郎編著
戦後政治史〔第三版〕　石川真澄・山口二郎
日本の国会　大山礼子
〈私〉時代のデモクラシー　宇野重規
大臣〔増補版〕　菅直人
生活保障 排除しない社会へ　宮本太郎
「ふるさと」の発想　西川一誠
政治の精神　佐々木毅
ドキュメント アメリカの金権政治　軽部謙介
民族とネイション　塩川伸明
昭和天皇　原武史
沖縄密約　西山太吉
市民の政治学　篠原一
日本の政治風土　篠原一
東京都政　佐々木信夫
政治・行政の考え方　松下圭一
ルポ 改憲潮流　斎藤貴男
市民自治の憲法理論　松下圭一
岸信介　原彬久
自由主義の再検討　藤原保信
海を渡る自衛隊　佐々木芳隆
人間と政治　南原繁
近代の政治思想　福田歓一

岩波新書より

法律

- 憲法への招待〔新版〕　渋谷秀樹
- 比較のなかの改憲論　辻村みよ子
- 著作権の考え方　岡本薫
- 自由と国家　樋口陽一
- 憲法と国家　樋口陽一
- 比較のなかの日本国憲法　樋口陽一
- 大災害と法　津久井進
- 変革期の地方自治法　兼子仁
- 原発訴訟　海渡雄一
- 民法改正を考える　大村敦志
- 労働法入門　水町勇一郎
- 人が人を裁くということ　小坂井敏晶
- 知的財産法入門　小泉直樹
- 消費者の権利〔新版〕　正田彬
- 司法官僚 裁判所の権力者たち　新藤宗幸
- 名誉毀損　山田隆司
- 刑法入門　山口厚
- 家族と法　二宮周平
- 会社法入門　神田秀樹
- 憲法とは何か　長谷部恭男
- 良心の自由と子どもたち　西原博史
- 独占禁止法　村上政博
- 有事法制批判　憲法再生フォーラム編
- 裁判官はなぜ誤るのか　秋山賢三
- 法とは何か〔新版〕　渡辺洋三
- 日本社会と法　渡辺洋三・甲斐道太郎・広渡清吾・小森田秋夫編
- 民法のすすめ　星野英一
- 納税者の権利　北野弘久
- 小繫事件　戒能通孝
- 日本人の法意識　川島武宜

カラー版

- カラー版 国芳　岩切友里子
- カラー版 北斎　大久保純一
- カラー版 四国八十八カ所　石川文洋
- カラー版 ベトナム 戦争と平和　石川文洋
- カラー版 知床・北方四島　大泰司紀之・本間浩昭
- カラー版 西洋陶磁入門　大平雅巳
- カラー版 すばる望遠鏡の宇宙　海部宣男・宮下曉彦写真
- カラー版 ブッダの旅　丸山勇
- カラー版 難民キャンプの子どもたち　田沼武能
- カラー版 ハッブル望遠鏡が見た宇宙　野本陽代・R・ウィリアムズ
- カラー版 細胞紳士録　藤田恒夫・牛木辰男
- カラー版 メッカ　野町和嘉
- カラー版 シベリア動物誌　福田俊司

岩波新書より

社会

岩波新書より

岩波新書/最新刊から

1557 在宅介護 ―「自分で選ぶ」視点から―　結城康博著

介護保険制度の利用方法から厳しい現場の実情、人材不足の背景や財政論まで。このテーマのすべてが分かる第一人者による入門書。

1558 不眠とうつ病　清水徹男著

不眠はうつ病のサイン。予防法としての睡眠改善と快眠法、薬に頼らず眠りで治す最新の治療法まで、やさしく丁寧に解説する。

1559 英語学習は早いほど良いのか　バトラー後藤裕子著

「早く始めるほど良い」という神話はどこからきたのか？　言語習得と年齢の関係についての研究をたどり、問題点をあぶり出す。

1560 不可能を可能に 点字の世界を駆けぬける　田中徹二著

十代末で失明。館長を務めた日本点字図書館での活動を中心に、時には国境を越え、誰もが暮らしやすい社会をめざしていく。

1561 「昭和天皇実録」を読む　原武史著

天皇と「神」との関係に注目し、これまで見えてこなかった「お濠の内側」を明らかにする。新たな昭和史・昭和天皇像がここに。

1562 イスラーム圏で働く ―暮らしとビジネスのヒント―　桜井啓子編

一六億のイスラーム市場とどう付き合うか？　商社・建設・食品・観光など、現地で活躍する日本人による体験的イスラーム案内。

1563 人間・始皇帝　鶴間和幸著

地下から発見された新史料により、『史記』が描く従来の像を書きかえ、可能な限り同時代の視点から人間・始皇帝の足跡をたどる。

1564 ヒョウタン文化誌 ―人類とともに一万年―　湯浅浩史著

ヒョウタンは最古の栽培植物の一つ。容器や楽器の原点であり精神的な側面もあわせもつ。広くて深いヒョウタン文化の実像を描く。

(2015. 10)